Yr Ysgol Farddol: Yn Cynnwys Cyfarwyddiadau Eglur I Ddeall Rheolau Barddoniaeth Cymreig, Gan Dafydd Morganwg

David Watkin Jones

Nabu Public Domain Reprints:

You are holding a reproduction of an original work published before 1923 that is in the public domain in the United States of America, and possibly other countries. You may freely copy and distribute this work as no entity (individual or corporate) has a copyright on the body of the work. This book may contain prior copyright references, and library stamps (as most of these works were scanned from library copies). These have been scanned and retained as part of the historical artifact.

This book may have occasional imperfections such as missing or blurred pages, poor pictures, errant marks, etc. that were either part of the original artifact, or were introduced by the scanning process. We believe this work is culturally important, and despite the imperfections, have elected to bring it back into print as part of our continuing commitment to the preservation of printed works worldwide. We appreciate your understanding of the imperfections in the preservation process, and hope you enjoy this valuable book.

YR YSGOL FARDDOL:

YN CYNNWYS

CYFARWYDDIADAU EGLUR

I DDEALL

Rheolau Barddoniaeth Gymreig.

GAN

DAFYDD MORGANWG.

ABERDAR:
ARGRAFFWYD GAN JENKIN HOWELL, HEOL CAERDYDD.
1869.

ENTERED AT STATIONERS' HALL.

I

HENRY RICHARD, YSWAIN,

AELOD SENEDDOL DROS FERTHYR TYDFIL,

AC

YSGRIFENYDD Y GYMDEITHAS HEDDWCH,

AM GYSSEGRU OES O LAFUR YMDRECHOL

I

DDEWR AMDDIFFYN CYMMERIAD

EIN HIAITH, EIN GWLAD, A'N CENEDL,

Y CYFLWYNIR Y LLYFRYN HWN,

FEL ARWYDD FECHAN

O BARCH TRYLWYR

YR AWDWR.

RHAGYMADRODD.

Amcan cyhoeddi Yr Ysgol Farddol yw cyfarwyddo efrydwyr ieuaingc mewn Cynghanedd a Mydr yn unol â *Rheolau Barddoniaeth Gymreig*.

Os barna rhai nad yw yr iaith a arferir yn ddigon coeth a dwfn, cofied y cyfryw mai ag *efrydwyr ieuaingc* y mae a fynwyf yn fwyaf neillduol.

Fe wel y cyfarwydd fod *yr holl* enghreifftiau a roddir yma i egluro y *Cynghaneddion* yn newyddion. Bernais hyny yn well nâ dilyn arferiad Gramadegwyr yn gyffredin, o ddefnyddio yr unrhyw enghreifftiau byth a hefyd. Costiodd eu gwnethuriad fwy o lafur, wrth gwrs, nâ phe buaswn yn eu cymmeryd allan o lyfrau; ond wrth eu gwneyd, profwyd gwiredd y ddiareb—

"Yn mhob llafur y mae elw."

Mae lluaws o'r enghreifftiau a roddir i egluro y *Mesurau* yn wreiddiol hefyd, y rhai a wnaed o herwydd i mi fethu cael digon i'm boddio mewn llyfrau. Cymmerwyd y lleill o weithiau Beirdd hen a diweddar. Da fuasai genyf gael mwy o eiddo rhai diweddar, ond methais, er chwilio yn fanwl, am nad oes ond ychydig o Feirdd yr oes hon yn cyfansoddi yn unol â Dosparth Morganwg. Wrth gymmeryd arnaf yr hyfdra o fod yn Athraw Cynghaneddol, &c., i Feirdd ieuaingc, nid wyf yn honi fod y Caeth Fesurau, fel eu gelwir, yn meddu mwy o fanteision i'r awen nâ'r Mesurau Rhyddion; etto, barnaf nad yw eu *caethder* gymmaint ag y myn rhai i ni gredu ei fod, a chredaf fod llawer yn condemnio y Cynghaneddion am nad ydynt yn eu deall.

Rhodder i'r awen ryddid,

yw llef barhaus lluaws o'n Beirdd; a dywedaf finau Amen: etto gwareder yr awen Gymreig rhag *Penryddid* y Mydr penrydd diodl, oblegyd nid oes ynddo ddim ag sydd yn gydweddol â'n hiaith o gwbl. Yr unig gaethder yn Mesurau yr Awdl yw y Gynghanedd, ac nid yw hithau yn rhyw *gaeth iawn* ar ol ei dysgu. Nid oes caethder o gwbl yn y Mesurau ynddynt eu hunain. Mae hyd y nod Dafydd ab Edmwnd wedi caniatau i'r awen bedair gwisg ar hugain; ond nid oes derfyn ar rifedi ei gwisgoedd yn nghoffrau yr Hen Ddosparth. Y gwir yw, nis gall y dychymyg mwyaf crebwyllig lunio unrhyw fath o bennill *cynghaneddol* ac odlog heb fod yn *hollol reolaidd* i'w osod mewn Awdl, yn ol Rheolou Dosparth Morganwg; o ganlyniad, y mae'r caethder y sonir am dano yn un lled rydd wedi'r cwbl.

Mae'n wir i'r Hen Ddosparth fod yn wrthodedig (ond yn Ngorsedd Morganwg) o'r flwyddyn 1451 hyd 1819; ond bellach y mae'r ddau Ddosparth—Morganwg a Gwynedd—yr un mor warantedig; a chan fod y fath ryddid yn perthyn i'r Hen Ddosparth, barnwyf na ddylai ein Beirdd ieuaingc fod yn anwybodus o hyn.

Gwir nad yw yr awen bur yn ymddibynu ar wisgoedd o ffurf neillduol er dangos ei gogoniant; etto, os ei gwisgo o gwbl, rhodder iddi y gwisgoedd prydferthaf. Aur yw aur yn mhob ffurf; ond rhaid ei fathu wrth reol, o ran ffurf, pwys, a mesur, cyn ei wneyd yn benadur: a barnwyf y dylai yr aur barddonol gael ei doddi yn mathdy y meddwl, a'i dywallt allan ar leni mewn Mydrau odlog o leiaf; ac o'm rhan fy hun ystyriwyf mai gemau i addurno gwir farddoniaeth yw y Cynghaneddion. Mae'r fath gywreinrwydd celfyddydol wedi ei arddangos yn eu cynlluniad, fel y mae yn werth eu cadw yn barchus trwy yr oesoedd er dangos medrusrwydd ein tadau, a phrofi i'r byd mai nid barbariaid anwybodus oeddynt.

Os bydd i'r YSGOL FARDDOL fod yn foddion i ddysgu y Cynghaneddion a'r Mesurau, yn nghyd â rhoddi rhyw feddylddrych am deithi gwir farddoniaeth, i'n llenorion ieuaingc sydd yn awyddu eu dysgu, byddaf wedi cyrhaedd fy amcan.

Gan fod Caledfryn ac ereill wedi traithu yn helaeth a manwl ar *Rywiau Cerdd*, &c., a chan fod yr *Ysgol* eisoes wedi chwyddo 16 o dudalenau yn fwy nag y bwriadwyd hi, y mae yn amlwg nas gallwn ymdrin â'r pethau hyny heb i'r llyfr fyned yn fwy etto, ac felly buasai yn rhaid ychwanegu y pris: o ganlyniad, yr wyf yn dymuno cael fy esgusodi.

Merthyr, Awst, 1869.

BARDDONIAETH.

Wrth gyhoeddi llyfr ar Reolau Barddoniaeth, barnwyf y dylid *ceisio*, beth bynag, egluro beth sydd i'w ddeall wrth Farddoniaeth, er fod hyny yn waith anhawdd iawn. Camsyniad mawr yw meddwl nad yw Barddoniaeth yn ddim mwy nâ gosod llinellau at eu gilydd yn rheolaidd wrth fesur, odl, a chynghanedd. Gellir gwneyd hyny yn gelfydd a chywrain, a'r cyfansoddiad yn y diwedd yn hollol amddifad o Farddoniaeth; ac o'r tu arall, gellir gosod y Farddoniaeth buraf mewn iaith rydd. Beth yw Barddoniaeth, ynte? Dyna ofyniad anhawdd ei ateb mewn brawddeg, er fod doctoriaid wedi ceisio yn y dull canlynol:—Dywed un mai "Ffug" yw; y llall mai "Gwirionedd yn ei ffurf buraf" ydyw. Dywed y nesaf mai "Natur wedi ei gwisgo ag awen" ydyw; ond beth yw hyny drachefn? Dywed arall mai "Iaith y dychymyg a'r teimladau wedi ei gosod wrth fesur" ydyw. Dywedir hefyd mai "Gwirionedd wedi ei wisgo â mantell ffug" ydyw. Dichon fod y darnodion hyn i gyd yn gywir i raddau, a dim ond eu gosod at eu gilydd cynnwysant ryw fath o atebiad i'r gofyniad "Beth yw Barddoniaeth?" Y gwahaniaeth rhwng Athroniaeth a Barddoniaeth yw, fod y blaenaf yn dangos gwirionedd *yn noeth*, tra mae yr olaf yn ei wisgo â chyffelybiaeth, dychymyg, neu deimlad.

Mae yn ddigon amlwg fod Barddoniaeth yn gwisgo gwahanol arweddau neu ffurfiau. Mae iddi ei *Ffurf Deimladol, Gyffelybiaethol*, a *Darluniadol*; ac ymddengys yn fynych yn y gwahanol ffurfiau hyn yn yr un gerdd.

Mewn *Barddoniaeth Deimladol*, y gamp yw gweithio *teimlad* i'r cyfansoddiad mewn iaith mor afaelgar nes peri i'r darllenydd deimlo i'r byw wrth ei ddarllen; pa un bynag a fydd yn cael ei nodweddu â chyffelybiaethau crebwyllig ai peidio. Enghreifftiau nodedig o'r ffurf yma ar Farddoniaeth yw Gulareb Dafydd ar ol Absalom; Galar y Parch. Joseph Harries (*Gomer*) ar ol ei fab, Ieuan Ddu o Lan Tawy; ac Hiraeth Cymro am ei Wlad mewn Bro Estronol, gan Cawrdaf. Pwy all ddarllen y llinellau canlynol yn briodol heb deimlo eu heffaith yn ymyraeth â llinynau tyneraf ei galon?—

"O! fy mab Absalom! fy mab, fy mab Absalom:
O na buaswn farw trosot ti, Absalom, fy mab, fy mab!"

ETTO.

"Af i'w 'stafell unwaith etto,
 Galwaf arno dan fy mhwn,—
'JOHN! fy JOHN! dy *dad* sydd yma,
 Arno sylwa'r un tro hwn.
JOHN! mae'th *Fam* islaw i'r grisiau'n
 Tywallt dagrau er dy fwyn:
JOHN, fy mab! clyw'th DAD sy'n galw,
 O mor chwerw'r ing mae'n ddwyn!'

*   *   *   *

Marw'm JOHN roes ystyr geiriau
 Gwell nâ holl Eirlyfrau'r llawr;
Gofid, Galar, o ran ystyr,
 Sy'n dra eglur i mi'n awr;
Calon glwyfus, chwerwedd enaid,
 Dwys ochenaid, chwerw hynt,
Dagrau heilltion, coll cysuron,
 Hiraeth calon,—gwn beth ynt.—*Gomer.*

ETTO, YN GYNGHANEDDOL.

Edrychaf fi drwy ochain,—ar fwyn-gu
 Derfyngylch y Dwyrain;
Ond p'le mae gwedd Gwynedd gain,
Bro odiaeth Ynys Brydain!

Ystyriwch mewn tosturiaith,—y gofid
 A gefais ar f'ymdaith,
Yn ysig lawer noswaith,
A'm gorweddfa'n foddfa faith!

*   *   *   *

Ow! na chawn mewn llonach hwyl
Droedfedd o Wynedd anwyl!—*Cawrdaf.*

Mae y darnau hyn, fel y gwelir, yn llwythog o deimlad byw a thyner, er nas gellir dweyd eu bod yn cynnwys meddylddrychau crebwyllig a darfelyddol; a barnwyf mai digon priodol yw galw darnau o'r fath yma yn Farddoniaeth Deimladol.

Mae *Barddoniaeth Ddarfelyddol,* neu *Gyffelybiaethol,* fynychaf yn cynnwys mwy o feddylddrychau crebwyllig nâ'r un Deimladol; ond gall y gwir Fardd blethu y Darfelyddol a'r Teimladol yn un cyfanwaith gorchestol. Wrth gyfansoddi Barddoniaeth Ddarfelyddol, dylid bod yn ddoeth a gofalus i ddefnyddio y cymhariaethau mwyaf naturiol a chydweddol â'r gwrthddrych y cyffelybir gwrthddrych arall iddo. Yn y gangen hon o Farddoniaeth y mae yr Athronydd Naturiol a'r Bardd yn gwahaniaethu amlycaf. Ceir digonedd o enghreifftiau o Farddoniaeth Ddarfelyddol yn y Beibl; ond dichon fod ein cynnefindra ni fel cenedl â'r Ysgrythyrau er yn blant, yn beth rhwystr i ni weled y tarawiadau barddonol a gynnwysant. Dyma ddwy enghraifft heb fod yn annhebyg i'w gilydd:—

  Cured y llifeiriant eu dwylaw,
  A chyd ganed y mynyddoedd.

 Y mynyddoedd a'r bryniau a floeddiant ganu o'ch blaen,
 A holl goed y maes a gurant ddwylaw.

Wrth edrych yn athronyddol, neu anianyddol, ar y llinellau hyn, mae y meddwl a gynnwysant yn edrych yn wrthun i'r eithaf. Llifeiriant a choedydd yn curo dwylaw! Mynyddoedd yn bloeddio canu!! Nid oes dim synwyr yn y fath ddywediad i'r meddwl anianyddol, oblegyd nid oes gan lifeiriant na choedydd ddwylaw i'w curo yn nghyd, ac nid oes genau i ganu gan fynyddoedd ychwaith, ar un olwg. Etto y mae'r llinellau yn llawn o farddoniaeth, ac i lygad y Bardd y mae gan lifeiriant a choedydd ddwylaw gwir farddonol, y rhai a gurant yn nghyd ar archiad y gwynt.

Edrycher etto ar *Farddoniaeth Ddesgrifiadol* y Beibl:—

Y BEHEMOTH.

Efe a gyfyd ei gynffon fel cedrwydden,
Gewynau ei arenau ef sydd blethedig.
Pibellau pres ydyw ei esgyrn ef,
Ei esgyrn sydd fel ffyn heyrn, &c.

Y LEFIATHAN ETTO.

Ei falchder yw ei emau,
Wedi eu cau yn nghyd megys â sel gaeth.
Y mae y naill mor agos at y llall
Fel na ddaw gwynt rhyngddynt.

 * * * *

Wrth ei disian y tywyna goleuni,
A'i lygaid ef sydd fel amrantau y bore.
Ffaglau a ânt allan,
A gwreichon tanllyd a neidiant o'i enau ef.

Mwg a ddaw allan o'i ffroenau,
Fel o bair neu grochan berwedig.
Ei anadl a wna i'r glo losgi,
A fflam a ddaw allan o'i enau, &c.

Dyma Farddoniaeth Ddesgrifiadol o'r iawn ryw, onide? Dyma gymhariaeth wir farddonol,—cyffelybu gwisg gragenog y *croco-*

dile i fantell o emau! Mewn gwirionedd, y mae'r holl ddesgrifiad yn rhy farddonol i'w esbonio heb ei anafu.

Dyma enghraifft neu ddwy etto o wir farddoniaeth, o hen lyfr Braminaidd, a ysgrifenwyd yn ol barn rhai gan *Dandamis*, yn amser Alexander Fawr, ac a gyfieithiwyd i'r Seisonaeg yn China, yn 1749.

 Gwefusau y doeth ydynt ddorau trysordy,—
 Pan agorir hwynt tywelltir gemau allan.

 Prenau aur wedi eu trefnu mewn gwelyau arian,
 Yw ynganiad brawddegau doeth mewn amser cyfaddas.

Gellir cael cannoedd o darawiadau barddonol o'r fath yn yr un llyfr, ond gadawir hwynt ar hynyna, er mwyn dyfod at Farddoniaeth Gynghaneddol Gymreig.

Pe gofynid i'r Anianydd Naturiol am ddesgrifio mieri, dywedai mai math o goed meinion, eiddil, pigog ydynt, rhy wan i dyfu yn uchel heb bwyso ar sylweddau ereill—fod eu blodau yn wynion, a'u ffrwyth yn fwyar duon, &c. Dyma ddesgrifiad y bardd o honynt:—

 " Coluddion ysgymmun cloddiau.—*D. ab Gwilym.*

Dyna gymhariaeth farddonol a naturiol, onide?—cyffelybu y mieri i berfedd wedi ei ysgymuno allan o'r clawdd! Pan yw yr Anianydd yn darlunio *ffynon*, dywed ei bod yn cael ei ffurfio trwy fod tarth yn cael ei godi o'r môr i'r awyrgylch, ac yno yn tewychu, a disgyn yn wlaw ar ben mynydd, &c., a hwnw yn gweithio ei ffordd i lawr i'r ddaiar, ac yn tarddu allan drachefn yn ffynon o ddwfr gloyw. Ond dyma ddesgrifiad y bardd o honi:—

 Gwin a groywwyd gan Grewr—yw Ffynon,
  A gorphenol wlybwr;
 Bron haf, dibrin i yfwr,—
 Ystên Duw i estyn dŵr.—*Trebor Mai.*

Dywed Rhyddiaith am y *cwch gwenyn* mai math o adeilad bychan haner crwn ydyw, wedi ei wneyd o wellt neu ryw ddefnydd arall, a thwll yn ymyl ei waelod i'r gwenyn fyned i mewn ac allan, &c. Desgrifia Barddoniaeth ef fel y canlyn:—

 Dinas athrylith adeiniog,—gweithfa
  Bras goethfel llysieuog,
 Ogof weithiol gyfoethog,—
 Llafur greddf, yw'r gellfro grog.—*M. Morganwg.*

Hyderir fod yr ychydig sylwadau a'r enghreifftiau hyn yn ddigon o agoriad drws i'r efrydydd craffus weled beth yw Barddoniaeth.

Wrth adael y pwngc hwn, barnwyf mai priodol iawn fyddai cyfleu yn y fan yma

ENGLYNION HYFFORDDIANT,

a wnaeth Iolo Morganwg yn 1799, ar ddymuniad gwr ieuangc o Wynedd, er ei gyfarwyddo i wneyd Englyn yn gywir, blasus, a dyddan, &c.

> Y Mebyn llawn grym hybwyll—hen Awen,
>   A'i neued goleubwyll,
> Cenaist i ofyn canwyll
> I ochel tyb a choel twyll.

> Rheol ddigonol hardd ganu—Englyn,
>   Rhag annghlod i'r prydu,
> Iawn addysg i weinyddu,
> Eirian gamp yr Awen gu.

> Ar ffysg, gair addysg a roddaf—yn rhwydd,
>   Yn yr hyn a fedraf;
> A'i draithu'n rhad i'r eithaf,
> Yn ol fy neall a wnaf.

> Bydd gelfydd, gwybydd yn gall—y Mesur,
>   Ymosod i'w ddeall;
> Nid yngan rhyw nâd annghall,
> Yn wr dwl, fel hanner dall.

> Cynghanedd hywedd sy'n hoywi—Englyn,
>   Mae'n annghlod bod hebddi;
> I'w didwyll fodd o'i dodi
> Ar gân y Bardd, hardd yw hi.

> Bydded iawn gerdded yn gain—i'r llafar,
>   Er llifo'n felusgain;
> A geiriau'r iaith yn gywrain,
> Yn wê serch, yn iawn eu sain.

> Fel awel dawel min dydd,—cyflafar
>   Ag adar o goedydd,
> Ar led y cain wyrlodydd
> Rho'r gân ffraw i rodiaw'n rhydd.

I'r daran buan ei byllt,—a'i llitoedd,
　　Boed llafar echryswyllt;
　Gyrddlais ffrawdfawr, a gwawr gwyllt,
　Swn rhaiadr, a sain rhywyllt.

Yn fore clyw gân firain—yr Eos,
　　A'i rhywiog ddolystain;
　Iawn friaith hon i arwain
　Awen dy serch i ferch fain.

Boed perffaith dy iaith, a'i dethol—yn iawn
　　Llawn enaid, a nerthol,
　Yn taraw'n dra naturiol,
　Hoywber ei phwyll, heb air ffol.

Iaith hygar, foddgar, ufuddgall—ei rhyw,
　　A fo rwydd ei deall;
　Nod Awen, yni diwall,
　Yw hawsder cain ystyr call.

Naws taerwyllt anystyriaeth,—daw allan,
　　A'i dwyllau llenyddiaeth
　O bydew anwybodaeth,
　Nid o iawn ffrwd Awen ffraeth.

Gwna'th Englyn, y dyn, a doniau—synwyr
　　Yn seinio drwy'r banau;
　Addawaf iti'n ddiau,
　Gan bob tafod glod yn glau.

Tyb coeth, meddwl doeth, a dawn—dienddysg,
　　Dod ynddi'n fywydlawn,
　A gwiwfarn awen gyfiawn
　Drwy'th holl waith, a'r iaith yn iawn.

Rheol, un ddethol, hen ddoethion—a gawn
　　Ar ganiad Englynion;
　O cais, ag ymbwyll cysson,
　Araul hynt y rheol hon.

Dod bwyll, yn ddidwyll, i dd'wedyd—ei wir,
　　Yn dy waith goleufryd;
　A llafar heb dwyll hefyd
　Yn y gerdd, yn iawn i gyd.

Dod lên ac Awen gywair—yn y gân,
　　Gan ei gwau'n gerdd Gadair,
　Ias trynwyf heb estronair,
　Dim ar wall, yn gall bob gair.

Trwy'th gân boed anian a doniau—addysg
    Rho iddynt y gorau;
  Rho nawdd i bob rhinweddau,
  Ac i'w dilyn glŷn yn glau.

Nwyf anian, ar dân, yw'r deunydd—gorau,
    Ac iraith bur, gelfydd;
  A'th glod yn teithio gwledydd
  Ar draed cawr, yn fawr a fydd.

Serchog a bywiog dyb awen—irddoeth,
    Sy'n harddwch dysgywen;
  A lliw myfyrdod llawen
  Yw nod didwyll pwyll mewn pen.

Medru dyfalu'n fywlwys,—a ddylit,
    Hardd eiliaw iaith gymmwys;
  Ymarbod a thyb mawrbwys,
  Ymddal doeth, a meddwl dwys.

Cais arwedd Rhinwedd, er rhanu—addysg
    A'i wiwddoeth weinyddu;
  Yn foddus tangnefeddu
  Yw iawn gamp yr Awen gu.

Bid iachus bywyd uchel—y bergaingc,
    Yn burgoeth ei hawel;
  A dewrgais Pwyll diargel
  A dreiddia'n fwyn drwyddi'n fêl.

Eneidia'r holl ganiadaeth—yn beraidd,
    A bwriad uchelfaeth,
  Berw eirian mwyn beroriaeth,
  Ynïau ffraw Awen ffraeth.

Gwna'th Englyn fel hyn, cei fawl hardd—i'th gân,
    A'th geinwaith awendardd;
  O degwch ymbwyll digardd,
  Unwn fyth i'th enwi'n Fardd.

Bardd penraith, dawn maith dyn mad,—y'th elwir,
    A theilwng ddynodiad,
  A'i awch hael am ddychweliad
  Awen glaer i dir ein gwlad.

Dos bellach yn iach yn awr,—i'th ymgais
    A'th amgyrch awenfawr;
  Na flina, byddi'n flaenawr,
  Ini'n fardd, a'th enw'n fawr.—*Iolo Morganwg.*

CYNNWYSIAD.

Rhagymadrodd	v.
Barddoniaeth	vii.
Y CYNGHANEDDION	17
Y GYNGHANEDD LUSG, NEU UNODL	19
Y Lusg Lefn	20
Ei Ffurf Gydseiniol Ddyblyg	24
Ei Ffurf Gydseiniol Driphlyg	25
Y Lusg o Gysswllt	26
Y Lusg Gyssylltgudd	27
Y Lusg o Ddwbl Gysswllt	29
Y Lusg Wyrdro	30
Y GYNGHANEDD DRAWS	32
Y Draws Fantach	33
Y Draws Ddisgynedig	34
Y Draws o Gysswllt Ddisgynedig	35
Y Draws Gyfnewid	37
Y Draws Annghydbwys	38
Y Draws Gyferbyn	40
Y Draws o Gysswllt	42
Y Draws o Gysswllt Ewinog	44
Y GYNGHANEDD SAIN	47
Y Sain Rywiog	48
Y Sain o Gysswllt	50
Y Sain Draws	51
Y Sain Ddisgynedig	52
Y Sain Ddyblyg	53
Y GYNGHANEDD GROES	54
Y Groes Ddisgynedig Unplyg	55
Y Groes Ddisgynedig Ddyblyg	56
Y GROES O GYSSWLLT.—Hanner Cysswllt	57
Y Groes o Gysswllt Cyfan	59
Y Groes o Ddwbl Gysswllt	61
Y Groes o Gysswllt Ddisgynedig	62
Y Groes Rywiog	65
Y CYNGHANEDDION CYMMYSGEDIG	67
Y Seingroes Rywiog,—Gadwynog,—o Gysswllt Ewinog	68
Y Seingroes o Gysswllt Ewinog Ddisgynedig	69
Y Seingroes Ddisgynedig	69

Y Drawslusg Ddisgynedig; Croes o Gysswllt, a Sain Rywiog	70
CYNGHANEDDION ANARFEREDIG.	
Y Gynghanedd Braidd Gyffwrdd—Y Gynghanedd Gadwynog—Y Gadwyn Orchestol	71
Goddefiadau yn y Cynghaneddion	71
Beiau Gwaharddedig Cerdd Dafod	74
Beiau mewn Synwyr	80
Y MESURAU.—	
Dechreuad y Ddau Ddosparth	81
Dosparth Morganwg.—Y Cyhydeddau	84
Y GORCHANAU.—Gorchan Pedwarsill	85
Gorchan Pumsill	86
Gorchan Chwesill	87
Gorchan Seithsill	88
Gorchan Wythsill	”
Gorchan Nawsill	89
Gorchan Degsill	90
Gorchan Unsill-ar-ddeg	91
Gorchan Deuddegsill	”
YR ADLAWIAD	93
Traithodyn	94
Triban Milwr	95
Triban Morganwg	97
Toddaidd	98
Englyn, neu Ynglyn	101
Englyn Cildwrn	”
Englyn Milwr	”
Englyn Unodl Union	102
Englyn Unodl Crwcca	104
Englyn Hir a Thoddaid—Gwahanol fathau ..	”
Englyn Pendrwm	105
Englyn Garhir	106
Cywydd	”
Proest Cyfnewidiog	107
Proest Cadwynodl	108
Colofn Prydain	110
Cadwyn Gyrch	”
Clogyrnach	111
Llamgyrch	112
Hypynt	114
Cynghawg	116

CYNNWYSIAD.

Dyrif 118
DOSPARTH GWYNEDD 119
 Y Cyhydeddau.. 120
 Y Mesurau .. .. ”

ENGLYNION—
 Unodl Union—Unodl Gyrch—Unodl Crwcca .. 121
 Proest Cyfnewidiog—Proest Cadwynog .. 122

CYWYDDAU—
 Cywydd Deuair Byrion 122
 Cywydd Deuair Hirion 123
 Cywydd Llosgyrnog.. .. .. .. ”
 Awdl Gywydd.. .. .. .. ”

AWDLAU 124
 Toddaid—Byr a Thoddaid .. .. ”
 Hir a Thoddaid 125
 Gwawdodyn Byr—Gwawdodyn Hir .. .. ”
 Hypynt—Byr, a Hir 126
 Clogyrnach 127
 Cyrch a Chwtta .. .. .. ”
 Y Gyhydedd Fer .. .. .. ”
 Y Gyhydedd Hir 128
 Y Gyhydedd Nawban .. .. .. ”
 Gorchest y Beirdd 129
 Y Gadwyn Fer .. .. .. ”
 Tawddgyrch Cadwynog 130

AMRYWION—
 Y Cymmeriadau 131
 Gosteg 134
 Y Corfanau 136
 Enwau y Tanysgrifwyr 138

GWELLIANT GWALL.

Yn nhudalen 115, dylai y trydydd pennill fod fel hyn :—

Cyn dod cyfnod cur,
Eben ein pen pur,
Am wenau cyssur mwyn y ceisiodd ;
Bu dad mad i'n mysg,
A'i swyn yn dwyn dysg,
A gwych yw'r addysg iach *a roddodd.*

YR YSGOL FARDDOL.

RHAN I.—Y CYNGHANEDDION.

Ifor. Arthur, a fyddi di cystal â dysgu *Rheolau Barddoniaeth* i mi? Yr wyf yn hoffi Barddoniaeth yn fy nghalon, ac yn awyddus am ddysgu y Rheolau.

Arthur. Da iawn genyf dy fod yn hoffi Barddoniaeth, a dy fod yn awyddus i ddysgu pob peth sy fuddiol; ac unrhyw help a allaf fi ei roddi i ti, ti a'i cei gyda pharodrwydd. Ond yn awr, tuag at i ni ddeall ein gilydd ar y cychwyniad, gad i mi gael clywed genyt pa ranau o Reolau Barddoniaeth wyt am ddysgu?

I. O, yr wyf am eu dysgu i gyd; yn enwedig Rheolau y Mesurau Caethion, oblegyd yr wyf am ddyfod yn alluog i gyfansoddi yn y mesurau hyny fy hun.

A. Nid oes dim yn well i ddyn ieuango nâ gosod nôd digon uchel o'i flaen, a meithrin penderfyniad i gyrhaedd y nôd hwnw, trwy osod pob rhwystrau yn risiau dan ei draed i ddringo ato; a chan dy fod dithau am ddysgu *y cwbl*, dim ond i ti ymdrechu, yr wyt yn sicr o gyrhaedd dy amcan. Ti wyddost beth yw *llafariaid a chydseiniaid*, oni wyddost?

I. Wel gwn, wrth gwrs; dyma y llafariaid, a, e, i, o, u, w, y; a dyma'r cydseiniaid, b, c, ch, d, dd, f, ff, g, ng, h, l, ll, m, n, p, ph, r, s, t, th. Ond atolwg, beth sydd a fyno y rhai hyn â Rheolau Barddoniaeth? Am ddysgu y Cynghaneddion wyf fi, fel y gallwyf gyfansoddi yn y Caeth Fesurau, a gweled pa faint o farddoniaeth sydd yn nghyfansoddiadau ereill yn y mesurau hyny, pan fyddwyf yn eu darllen.

A. Cymmer hi yn araf Ifor, os wyt am i mi dy gyfarwyddo, y mae yn rhaid i mi gael fy ffordd fy hun, i raddau beth bynag. Mae yn angenrheidiol i ti gofio beth sydd i'w feddwl wrth yr enwau cydseiniaid a llafariaid, gan y byddwn yn gwneyd defnydd mynych o'r enwau wrth fyned yn mlaen. O barth y Cynghaneddion, buddiol fydd i ti eu dysgu tuag at gyfansoddi, yn nghyd â deall cyfansoddiadau ereill yn y Mesurau Caethion; ond cofia, na fydd eu dysgu yn un help i ti i farnu *teilyngdod*

B

barddonol unrhyw gyfansoddiad. Cyfeiliornad dybryd o eiddo yr "Hen Ysgol" yw meddwl fod cynghanedd yn elfen hanfodol mewn barddoniaeth. Mae llawer o gyfansoddiadau wedi eu plethu yn y modd cywreiniaf o ran cynghanedd, ac etto yn hollol amddifad o farddoniaeth; tra mae ereill heb ddim cynghanedd nac odl yn gyfoethog o farddoniaeth fyw. Y gwir yw, mai cangen o Rifyddiaeth yw cynghanedd; ac os oes genyt ti chwaeth at Rifyddiaeth, bydd yn hawdd i ti ddysgu y cynghaneddion.

I. Wel, dyna sylw newydd hollol i mi; ni chlywais i neb o'r blaen 'yn dweyd fod unrhyw berthynas rhwng cynghanedd a Rhifyddiaeth! Yr wyf yn hoff iawn o Rifyddiaeth, ac yn medru rhifyddu yn lled dda hefyd, ond yn fy myw nis gallaf ddysgu cynghaneddu yn gywir, yn ol y cyfarwyddiadau sydd yn y gwahanol Ramadegau.

A. Gan fod fy sylw yn newydd i ti, o barth y berthynas sy'n hanfodi rhwng Rhifyddiaeth a chynghanedd, gwell i mi cyn myned yn mhellach egluro fy ngosodiad. Ti wyddost pan fyddi yn gweithio Rhifyddiaeth, fod yn rhaid trefnu y rhifnodau yn y fath fodd, fel ag i gyd ateb eu gilydd yn rheolaidd, cyn y bydd y gwaith yn iawn. Er enghraifft, meddwl dy fod yn lluosogi 4 wrth 4, fel hyn:—

$$\frac{\begin{array}{r}4\\4\end{array}}{16}$$

Dyna 16 onide? Ond pe gosodid 61, yn lle 16, sef gosod y rhifnod 1 ar ol y 6 yn lle o'i flaen, byddai yn annghywir, er mai yr unrhyw rifnodau a ddefnyddid. Mae yn rhaid i'r rhifnodau fod yn eu lleoedd priodol cyn y bydd y gwaith yn iawn. Yr un fath yn hollol wrth gynghaneddu. Mae yn rhaid trefnu y gwahanol lythyrenau yn y fath fodd fel ag i gyd ateb eu gilydd yn rheolaidd cyn y bydd y gwaith yn gywir; oblegyd math o drefniad neillduol ar y llythyrenau mewn llinell yw cynghanedd. Er enghraifft, edrych ar y llinell hon:—

Pur lesol yw pêr lysiau.

Dyna linell gywir o ran cynghanedd fel y mae yn bresenol; a dim ond tynu y llafariaid o honi, yn nghyd â'r *l* olaf yn y gair lesol, yr hwn sydd yn ffurfio gorphwysfa y llinell, fe geir fod y cydseiniaid yn y ddau ben iddi yr un fath, fel hyn:—

P r l s——p r l s

Hefyd, y mae y llafariaid yn y ddau ben yn wahanol; yn y pen blaenaf, y mae u e o; ac yn y pen olaf, y mae e y i a u. Dyna beth sydd i'w ddeall wrth y dywediad, "Cyfnewidiad llafariaid, a chyd-darawiad cydseiniaid." Ond meddwl dy fod yn defnyddio yr un llythyrenau i wneyd llinell, ond dy fod yn eu gosod mewn trefn wahanol, fel hyn:—

<blockquote>Pel surol yw pêr lysiau.</blockquote>

Ni fyddai na synwyr na chynghanedd ynddi yn y ffurf hon, er mai yr un llythyrenau yn hollol sydd ynddi ag oedd yn y ffurf flaenorol; ond eu bod wedi eu cam drefnu.

I. Yn wir, yr wyf yn dechreu amgyffred ychydig eisoes; ac yn gweled fod cryn debygolrwydd rhwng cynghanedd a Rhifyddiaeth. Ond i gael dod yn fwy uniongyrchol at y pwngc, beth pe bawn yn cael rhes o enwau y cynghaneddion, i mi gael eu cadw ar gof?

A. Dim ond dwy *brif* gynghanedd sydd, sef *Y Gynghanedd Sain*, a'r *Gynghanedd Groes;* ond fod ereill yn tarddu fel cangenau oddiar y rhai hyn.

I. Gwell i mi gael ychydig wersi yn y Gynghanedd Sain yn gyntaf ynte, a myned at y Gynghanedd Groes ar ol hyny, onide? 'Does bosibl os na ddysgaf *ddwy*, pa mor ddyrys bynag y maent.

A. Paid a bod mor frysiog ar y dechreu, oblegyd y mae cryn dipyn o waith genyt i feistroli y cynghaneddion. Yr wyf yn meddwl mai y ffordd fwyaf fanteisiol i ti, fydd i ni ranu y cynghaneddion yn bedair, sef y *Gynghanedd Unodl*, neu *Y Lusg*, *Y Draws*, *Y Sain*, a'r *Groes;* a chredwyf hefyd mai yn ol y drefn hon y bydd yn fwyaf manteisiol i ni sylwi arnynt.

Y GYNGHANEDD UNODL, NEU Y LUSG.

ARTHUR. Mae i hon bump o ffurfiau, sef 1, Llusg Lefn; 2, Llusg o Gysswllt; 3, Llusg Gyssylltgudd; 4, Llusg o Gysswllt Ddyblyg; 5, Llusg Wyrdro.

IFOR. Mae'r Gramedegau yn ddieithriad yn dechreu gyda'r Groes Rywiog; ai nid gwell fyddai i ninau ddechreu yr un fath?

A. Mae'n wir fod y Gramadegwyr yn dilyn eu gilydd yn hyn, ond nid yw hyny yn un rheswm eu bod wedi dewis y cynllun goreu i ddysgu y cynghaneddion. Y maent yn dechreu gyda'r *Llythyrenau* tuag at ddysgu iaith, sef ar ffon isaf yr ysgol, ond wrth drin y cynghaneddion, y maent yn dechreu gyda'r oraf, a'r anhawddaf ei deall; yr un fath a phe gosodid plentyn i ddysgu Algebra neu Euclid cyn dysgu rhifyddeg gyffredin. Fy rheswm dros ddechreu gyda'r Lusg yw, am yr ystyrir hi y waelaf o'r cynghaneddion; ac am fy mod yn credu y bydd yn hawddach i tithau ei deall na'r un o'r lleill; ac ar ol deall hon, bydd yn fantais i ti fyned yn y blaen i feistroli y rhai ereill.

I. Y mae hynyna yn ddigon o reswm hefyd, yn ol fy marn i. Bellach, beth pe bawn yn cael gair o eglurhad beth sydd i'w ddeall wrth y Gynghanedd Lusg, yn nghyda chyfarwyddid pa fodd y mae ei llunio mewn llinell.

A. Merch y Gynghanedd Sain yw y Lusg, ac yn tebygu llawer iddi, fel y cawn weled wrth fyned yn mlaen. A chan y byddwn yn gwneyd defnydd yn aml o'r geiriau *sain*, a *seiniau*, dichon mai y ffordd oreu fydd cael gair neu ddau arnynt cyn myned yn mhellach. Ti wyddost fod pob cymmal, neu sill mewn gair, yn cynnyrchu sain; hyny yw, gair unsill yn cynnyrchu un sain, gair dausill yn cynnyrchu dwy sain, &c. Bydd yn fanteisiol i ti gadw hyn mewn cof, gan mai *sain* a *seiniau* yw yr enwau a ddefnyddiwn ar wahanol gymmalau geiriau. Y ffordd i wneyd Cynghanedd Lusg, yw trefnu geiriau llinell yn y fath fodd, fel ag i gael rhyw sain tua ei chanol, i fod yn unsain â'r sain olaf ond un yn y llinell; neu mewn geiriau ereill, i odli â'r sain olaf ond un, neu y sill nesaf i'r brif-odl.

I. Yr wyf yn deall mai prif-odl y gelwir diwedd llinell; ond beth os bydd llinell yn diweddu yn unsill, a ellir cael Cynghanedd Lusg mewn llinell felly?

A. Na ellir; mae yn rhaid i linell ddiweddu yn lluossill, cyn y gellir cael Cynghanedd Lusg iddi, ac ni wna pob gair lluossill y tro i ddiweddu ychwaith. Nis gellir cael y Gynghanedd Lusg mewn llinell yn diweddu â gair lluossill, os bydd sill olaf y gair hwnw yn cynnwys sain hir; megys Aberdâr, Pontypridd, Llandâf, Caerdydd, &c.

I. Yr wyf bellach yn deall i raddau beth yw Cynghanedd Lusg, a pha fodd y mae ei llunio mewn llinell; hyny yw, yr wyf yn gwybod pa fath eiriau sydd yn ofynol i fod yn diweddu llinellau, tuag at gael y Lusg ynddynt. Bellach, mi a garwn gael ychydig gyfarwyddyd gyda golwg ar wahanol ffurfiau y Lusg.

A. O'r goreu, ni a gymmerwn y gwahanol ffurfiau bob yn un.—

Y LUSG LEFN.

Diau dy fod yn cofio beth a ddywedais wrthyt o barth y rheol gyda golwg ar ffurfio y Lusg mewn llinell; yn awr ti a gei weled y peth yn cael ei weithio allan, ac yr wyf am i tithau geisio gwneyd llinellau dy hun fel y byddwn yn myned yn mlaen, ac nid cymmeryd enghreifftiau o eiddo dynion ereill. Yn awr, dyma linell yn cynnwys y Lusg Lefn:—

Minau *af* dros yr *af*on.

Yn y llinell hon, ti weli yn amlwg mai yr un sain sydd i'r *af* yn nghanol y llinell, ag sydd i'r sain olaf ond un yn y llinell, sef yn y cymmal blaenaf o'r gair afon.

I. A ydyw yn angenrheidiol cael y sain flaenaf, sef y sain a lusgir o ganol y llinell yn unsill? Y mae Trefniant Gwilym Canoldref yn dweyd ei bod bob amser yn unsillafog.

A. Na, nid yw hyny yn anhebgorol angenrheidiol. Gellir cymmeryd sain olaf gair lluosill i wneyd y sain lusgol, os mynir; er fod yn rhaid addef fod sain unigol yn bertach, ac yn taro yn fwy peraidd ar y clust. Buasai y llinell yr un mor gynghaneddol fel hyn:—

  Minau groes*af* yr *af*on,

Am fod y sain *af* yn niwedd y gair groesaf, yn unsain â'r sain *af* yn afon.

I. Yr wyf yn credu fy mod wedi ei gweled bellach, ac y mae genyf linell yn cynnwys y Lusg Lefn os nad wyf yn camsynied, a dyma hi:—

  Mae tonau'r môr yn gorphwys.

A. Yr wyt wedi cynnyg yn lled dda, ond wedi methu y tro hwn, am nad oes *ph* yn canlyn yr *r* yn y gair môr, i ateb y *ph* sydd yn y gair gorphwys. Buasai yn iawn fel hyn:—

  Mae'n rhaid i'r corph gael gorphwys,

Am fod y sain *orph* yn y gair corph, yn ateb y sain *orph* yn y gair gorphwys.

I. Wel yr oeddwn i yn credu fy mod wedi dechreu deall y Lusg; ond yn awr yr wyf mewn cymmaint o ddyryswch ag erioed. Yn fy llinell i, y mae y gair môr yn odli â'r sain gor, sef y *sill* olaf ond un yn y llinell, oblegyd gor-phwys yw y rhaniad priodol, ac nid gorph-wys; ac felly yn ol geiriad y rheol, y mae fy llinell yn gywir. Hefyd, y mae amryw linellau i'w cael yn ngweithiau yr hen feirdd yn hollol yr un fath, sef y sain a lusgir yn odli â'r *sill* nesaf i'r brif-odl. Dyma linellau o'r natur hyny o waith Dafydd ab Gwilym, Tywysog beirdd Cymru:—

  "Rhiain am gwnaeth yn gaethwlad."
  "Ys gwae fy wyneb hebddi."
  "Gwawr ddyhuddiant y Cantref."

Mae y llinellau hyn yr un fath â'm llinell inau, a'r gair llusg yn odli â'r *sill* nesaf i'r brifodl, er fod cydsain yn dechreu y sill olaf. Er enghraifft, dyma y llinell,

  "Ys gwae fy wyneb hebddi."

Y mae yr *eb* ar ddiwedd y gair gwyneb, yn odli â'r sill flaenaf yn y gair *hebddi*; a'r *dd* sydd yn dechreu y sill olaf heb un yn ei hateb; o ganlyniad, y mae yn ymddangos i mi fod fy llinell yn iawn.

A. Yn wir, y mae yn dda iawn genyf dy weled yn dod allan i resymu mor gryf dros dy linell; etto, carwn i ti beidio bod yn rhy benderfynol nes ein bod wedi deall ein gilydd yn drwyadl. Mae'n wir fod grym yn dy ymresymiad o barthed rhaniad y gair gorphwys, yn nghyd â geiriad y rheol gyda golwg ar y Gynghanedd Lusg; etto, ar ol i mi egluro'r cwbl i ti, yr wyf yn gwybod y gweli dy hun fod dy linell yn annghywir.

Yn y ddegfed ganrif y gwnaed Rheol a Docparth gyntaf ar y Cynghaneddion, a'r hwn a'u trefnodd oedd Geraint Fardd Glas, brawd Morgan Hen, Tywysog Morganwg. Tybir mae y Geraint hwn oedd *Asser Menevenses*, athraw Alfred Fawr.

Yn amser Dafydd ab Gwilym, drachefn, cynnaliwyd tair Eisteddfod, un yn Llys Ifor Hael yn Maesaleg; un arall yn y Ddol Goch yn Emlyn, dan nawdd Llywelyn ab Gwilym; a'r drydedd yn Maelor yn Mhowys, dan nawdd Iarll Mortimer. Yn y tair Eisteddfod hyn, darfu i Dafydd ab Gwilym, a thri brodyr Marchwiail yn Maelor, sef Ednyfed, Madawg, a Llywelyn, meibion Gruffydd ab Iorwerth, ab Einion Goch, yn nghyda Sion y Cent, Rhys Goch Eryri, &c., wneyd amryw ddiwygiadau mewn Cerdd Dafod a Chynghanedd. Darfu i Llawdden, drachefn, wella peth ar y cynghaneddion yn amser Eisteddfod Caerfyrddin, 1451; o ganlyniad, gan nad oedd trefn y cynghaneddion wedi ei berffeithio yn amser D. ab Gwilym, ni ddylid cymmeryd ei linellau ef yn rheol, y rhai ydynt wallus, yn ol y rheolau yn bresenol. Yn ol y Rheol yn bresenol, y mae yn rhaid i'r holl gydseiniaid fyddo yn nglyn â'u gilydd yn y sain nesaf i sain orphenol y llinell, gael yr un nifer i'w hateb, ac hefyd o'r un rhyw, yn y sain a lusgir; a'r cwbl i fod yn yr un drefn yn y ddwy sain.

I. O wel, os oes cyfnewidiad wedi bod ar y rheol, rhaid ei dilyn, wrth gwrs, yn ei sefyllfa bresenol. Bellach, yr wyf yn credu fy mod wedi cael gafael arni, ac yr wyf wedi gwneyd llinell newydd, yn ol y rheol hefyd dybygwyf, dyma hi:—

Llwyd yw gwedd gwraig y meddwyn.

Dyna y sain *gwedd*, yn ffurfio y gair llusg, ac yn unsain â'r sain *medd* yn y gair meddwyn.

A. Mae yn adrwg genyf dy hyspysu dy fod wedi methu y tro hwn etto; am fod angen cael *w* ar ol y gair gwedd, i ateb yr *w* yn y gair meddwyn. Y mae mwy o dywyllwch yn nglyn â'r llythyren *w* yn y Gynghanedd Lusg nag un llythyren arall, o ganlyniad y mae yn galw am sylw neillduol, tuag at egluro y rheol ar y pen hwn. Dywedir yn y Gramadegau, fod yr *w* yn colli ei grym ar ol pob llythyren dawdd; a chan fod y goddefiad hwn yn perthyn i'r Gynghanedd Lusg yn neillduol, barnwyf mai wrth drin y Gynghanedd hon y mae oreu i ni sylwi ar y peth.

I. Wel beth yw y rheol ar y pen hwn, a oes rhaid cael *w* yn y sain a lusgir bob amser, i ateb yr *w* fydd yn sain olaf y llinell?

A. Nac oes. Edrych ar dy linell di yn ei ffurf ddiwygiedig:—

Mae'n rhaid i'r corph gael gorphwys,

Mae yr *w* ar ol y *ph* yn y gair gorphwys, heb un yn ei hateb ar ol y sain corph, ac nid oes angen un ychwaith tuag at i'r llinell fod yn gywir.

I. Wel ïe, ond nid wyf fi yr un gronyn gallach etto. Y peth wyf fi am wybod yw, pa bryd y mae ei hangen yn y gair llusg, a pha bryd nid yw yn angenrheidiol, i ateb yr un fydd yn dechreu sain orphenol y llinell.

A. Fel hyn; dyma reol syml i ti. Os bydd yr *w* olaf mewn llinell yn cymmeryd ei sain fèr, dylai *w* fod yn ei hateb yn y sain a lusgir, megys:—

Plant a gwedd*w* y meddwyn.
Mor wel*w* yw y delwau.

Yn y llinell flaenaf o'r ddwy hyn, y mae y sain *eddw* yn y gair gweddw, yn ateb y sain *eddw* yn y gair meddwyn; yr hyn sydd angenrheidiol, gan fod yr *w* yn cymmeryd ei sain fèr yn y gair meddwyn. Yr un fath yn yr ail linell, y mae y sain *elw* yn welw, yn ateb *elw* yn delwau, am yr un rheswm. Ond pan fyddo yr *w* yn cymmeryd ei sain hir yn y sill olaf o linell, megys yn y geiriau trechŵyd, lladdŵyd, torŵyd, agorŵyd, &c., nid oes angen cael *w* i'w hateb yn y sain a lusgir.

I. Wel beth pe bawn i yn cynnyg unwaith etto, i gael gweled a wnaf linell gywir y trydydd tro? fe ddywedir fod tri chynnyg i Gymro, a dyma finau yn cynnyg y drydedd waith:—

Holl byrth y môr agorant.

Gallwn feddwl fod hon yn iawn, oblegyd dyna y sain unigol *môr*, yn unsain â'r sain *gor* yn y gair agorant, sef y sain nesaf i'r brif-odl.

A. Dyna ti wedi llwyddo o'r diwedd i wneyd llinell gywir yn y Gynghanedd Lusg; a buasai yr un mor gywir fel hyn:—

Holl byrth y môr agorwyd,

Er fod *w* yn dechreu y sain olaf yn y llinell, ac heb un yn ei hateb ar ol y sain *or* yn y gair môr; a'r achos ei bod yn gywir yw, fod yr *w* yn cymmeryd y sain hir yn agorwyd.

I. Wel, gan fy mod wedi gwneyd un yn iawn, mi geisiaf yn awr wneyd llinell gywir, a'r *w* yn dechreu y sain olaf, heb *w* yn ei hateb:—

Mewn man dirgel fe'i gwelwyd.

A ydyw hona yn iawn?

A. Ydyw yn hollol felly. Yr wyf yn credu dy fod yn dechreu dod i'r Gynghanedd Lusg; ac y mae hyny yn brawf y dysgi y lleill hefyd, dim ond i ti ddal ati yn egnïol.

I. Wel yr wyf yn penderfynu dal ati, os oes argoel y bydd i mi gynnyddu; ac yn awr, tuag at i mi ddeall pethau yn iawn wrth fyned yn mlaen, mi garwn gael gair o eglurhad ar y llinell,

Minau af dros yr afon.

Yn y llinell hon, y mae *af*, sef y sain a lusgir, a'r sain gyntaf yn y gair *afon*, yn hollol yr un fath; a'r hyn wyf fi am wybod yw, a ydyw yn iawn? oblegyd yr wyf wedi clywed rhai yn amheu.

A. Yn ol geiriad y Rheol, y mae y dull hwn yn eithaf cywir; ac fe'i harferir gan y beirdd mwyaf hyddysg yn y cynghaneddion; etto, edrychai, a swniai yn well pe byddai cydsain yn blaenori yr *a* yn un o'r ddwy sain, fel hyn:—

Minau *g*af ddwfr o'r afon,
Neu
Minau af i *d*y Dafydd.

Yn y llinell flaenaf o'r rhai hyn, ti weli fod *g* yn blaenori yr *a* yn y sain a lusgir; a'r sain atebol iddi heb un gydsain yn blaenori yr *a*; o ganlyniad *g*af ac *af* yw y ddwy sain sydd yn ateb eu gilydd, ac nid *af* ac *af*, fel yn y llinell y cyfeiri ati. Etto, yn y llinell olaf, sef

Minau af i *d*y Dafydd,

Y mae ychydig yn wahanol; hyny yw, y sain lusgol sydd heb gydsain yn blaenori y llafariad yn hon, sef *af*, ac yn y sain gyferbyniol, y mae *D* yn blaenu yr *a*, ac felly *af* a *Daf* sydd yn ateb eu gilydd. Pe dygwyddai cydsain o flaen y llafariad yn y ddwy sain, gwell yw bod y cydseiniaid o wahanol ryw; hyny yw, gwell iddynt beidio bod yr un peth, er na waherddir hyny.

I. Yr wyf yn credu fod hynyna yn ddigon eglur bellach, fel na fydd achos i mi gamsynied.

A. Yr wyf finau yn credu hyny hefyd; ac felly ni a symmudwn yn mlaen yn awr i sylwi ar y Lusg Lefn, yn ei

FFURF GYDSEINIOL DDYBLYG.

Awgrymais yn flaenorol, os bydd dwy gydsain neu ragor yn agosaf i'w gilydd yn gorphen y sain lusgol, fod yn rhaid cael yr un nifer, yn yr un drefn, yn y sain gyfatebol. Er mwyn egluro hyn yn fanylach, ni a fynwn ychydig enghreifftiau yn awr, yn dangos y seiniau yn cael eu gorphen gyda dwy gydsain. Dyma linell o'r fath:—

Eillio barf yn Nghaernarfon.

Yn y llinell hon, ti weli fod *rf* yn nglyn â'u gilydd ar ddiwedd y sain lusgol *barf*, ac hefyd yn y sain olaf ond un yn y llinell, yn y gair Caer*narf*on.

I. Rhaid i mi gyfaddef nad oeddwn wedi amgyffred y rheol ar y pen hwn o'r blaen; ond yn awr yr wyf yn ei gweled yn ddigon amlwg. Dyma linell o'r un natur, onide?—

Ar y *dorth* cawn ym*borthi*.

Dyna *rth* ar ddiwedd y sain lusgol *dorth*, ac *rth* drachefn yn gorphen y sain gyfatebol iddi yn y gair ym*borthi*.

A. Yr wyt yn eithaf cywir; ac y mae yn dda genyf dy weled yn dyfod yn mlaen gystal. Yn awr mi a roddaf ychydig linellau etto yn cynnwys seiniau yn gorphen mewn cydseiniaid dyblyg:—

Cyfarch dy dad yn barchus.
Ai dyna'r ffordd i gorddi?
Rhoddwyd barn o ben carnedd.

Yn y flaenaf o'r rhai hyn, y mae y sain lusgol *arch* yn y gair cyfarch, yn ateb y sain *barch* yn y gair barchus. Yn yr ail linell, y mae y sain lusgol *ffordd* gydag *rdd* yn ei diweddu, yn ateb y sain *gordd* yn y gair gorddi. Yn y drydedd linell, y mae y ddwy gydsain *rn* yn gorphen y sain lusgol *barn*, ac hefyd yn gorphen y sain olaf ond un yn y llinell, yn y gair car*nedd*.

I. Wel yr wyf yn teimlo yn falch fy mod wedi deall y rheol ar y pen hwn etto, gyda golwg ar y cydseiniaid; ac y mae yn ymddangos i mi fod y llafariad sydd yn y sain lusgol i fod yr un fath yn y sain atebol yn ddieithriad.

A. Wrth gwrs; pa lafariad bynag fydd yn y sain lusgol, rhaid cael un yr un fath yn y sain atebol, onide ni fydd y seiniau yn gydrywiol; ond y mae ychydig wahaniaeth yn y Lusg Wyrdro, fel y cawn weled wrth sylwi arni yn ei thro. Yn awr, gan dy fod wedi deall y ffurf gydseiniol ddyblyg, beth pe baem ni yn mynu enghraifft neu ddwy i ddangos

Y FFURF GYDSEINIOL DRIPHLYG.

Yn y ffurf hon ar y Lusg Lefn, y mae tair cydsain yn nglyn â'u gilydd ar ddiwedd y sain lusgol, a thair o'r un rhyw, yn yr un drefn, ar ddiwedd y sain atebol. Dyma linell felly:—

Tori'r ffenestr a'r llestri.

Yn y llinell hon, y mae y cydseiniaid *str* yn gorphen y sain lusgol *estr* yn y gair ffenestr, ac y mae *str* yn eu hateb yn y sain olaf ond un yn y llinell.

I. Mae yn amlwg fod y rheol yr un fath gyda golwg ar y ffurf hon, ag yw ar y ffurfiau blaenorol, ond fod tair cydsain i orphen y seiniau; ond yn wir, y mae yn anhawdd cael geiriau cyfaddas i wneyd llinell yn y ffurf hon, etto yr wyf yn credu fy mod wedi llwyddo i wneyd un, a dyma hi:—

Dacw restr o ffenestri.

Dyna *str* yn y sain *restr*, ac *str* yn eu hateb yn y gair ffenestri.

A. Da iawn; yr wyt yn hollol gywir; a barnwyf fod hynyna yn ddigon ar y Lusg Lefn.

Y LUSG O GYSSWLLT.

ARTHUR. Mae enw y ffurf hon ar y Gynghanedd Lusg, ynddo ei hun, yn awgrymu fod rhyw *gyssylltu* yn perthyn iddi yn rhywle. Yn awr, y ffordd oreu yw i mi egluro y *cysswllt* y sonir am dano; ac yna ti weli ar unwaith pa fodd y mae gweithio allan y ffurf yma yn rheolaidd a chywir mewn llinell. Yr hyn sydd i'w ddeall wrth y *cysswllt* yn ei berthynas â'r gynghanedd hon yw hyn,— fod yn rhaid cyssylltu diwedd un gair â dechreu y gair dilynol, i wneyd y sain lusgol yn gydweddol â'r sain olaf ond un yn y llinell. Ond y ffordd oreu i egluro hyn, yw ei ddangos mewn llinellau. Dyma linell yn cynnwys y ffurf gyssylltiol ar y lusg:—

Y palas teg a'r castell.

Yn y llinell hon, y mae yr *s* sydd yn diweddu y gair palas, a'r *t* sydd yn dechreu y gair teg i gael eu hystyried yn gyssylltiol â'u gilydd, a thrwy y cyssylltiad hwn, ffurfiant y sain palas*t*, neu *ast* yn lle *as*, tuag at i'r sain lusgol fod yn ateb i'r sain *cast* yn y gair castell.

IFOR. Aros yn awr dipyn bach, i mi gael deall hyn yn drwyadl, cyn myned ym mhellach. Yn y llinell enghraffol, y mae'r *cysswllt* yn cael ei ffurfio, trwy gyd-darawiad dwy gydsain o wahanol natur; hyny yw, y mae y geiriau a gyssylltir, y blaenaf o honynt yn diweddu â chydsain, a'r olaf o'r ddau yn dechreu gyda chydsain wahanol. Yn awr, yr hyn wyf am wybod yw, a ydyw yn rhaid iddi fod felly bob amser?

A. Rhaid, tuag at ffurfio y Lusg o Gysswllt yn briodol. Pe diweddid y blaenaf o'r ddau air a gyssylltir â llafariad, byddai y Lusg yn cymmeryd ffurf arall, fel y cawn sylwi etto.

I. Yr wyf yn credu fy mod yn ei deall yn awr ynte; ac yr wyf wedi gwneyd llinell yn cynnwys y cysswllt os nad wyf yn cam-synied, a dyma hi:—

Ei ddolur tost a'i hurtiodd.

A. Yn awr, er mwyn cael gweled a ydwyt yn deall dy waith ai peidio, y ffordd oreu yw i ti egluro cynghanedd dy linell.

I. Gwnaf yn union, fel hyn: dyna gyd-darawiad yr *r* ar ddiwedd y gair do*l*ur, â'r *t* ar ddechreu y gair *t*ost, gyda chynnorthwy yr *u* flaenora yr *r*, yn ffurfio y sain lusgol *urt*, ac felly yn ateb o ran sain i'r cymmal blaenaf yn y gair *hurt*iodd ar ddiwedd y llinell.

A. Ië, dyna hi yn eithaf cywir. Yn awr, gan dy fod wedi egluro dy linell dy hun mor dda, minau a roddaf linell i ti i'w hegluro, dyma hi :—

Daeth llwythog long o'r Gogledd.

Dangos ym mha le y mae cynghanedd gyssylltiol y llinell hon.

I. Wel mi geisiaf yn awr, ac yr wyf yn credu y gallaf ei wneyd hefyd. Dyna *og* ar ddiwedd y gair llwyth*og* yn dyfod i gyd-darawiad â'r *l* yn y gair dilynol, yn ffurfio y sain lusgol *ogl*; ac yn ateb iddi, y mae y sain *Gogl*, yn y gair Gogledd. Dyna hi, onide?

A. Da iawn. Y mae yn amlwg bellach dy fod wedi ei deall. Ond tuag at fod yn sicr, gwna linell neu ddwy dy hun etto, yn cynnwys y Lusg o Gysswllt, ac eglura hwynt.

I. Yn wir, cryn orchwyl i mi yw gwneyd llinellau yn cynnwys y gynghanedd hon, etto mi a geisiaf yn awr. Dyma ddwy; ac y mae hyny yn llawn cymmaint ag a allaf wneyd yn bresenol :—

Gwyr y wlad redant adref.
Mor dyner chwardd y merched.

Yn y flaenaf o'r ddwy, mae y *d* ar ddiwedd y gair w*l*ad, a'r *r* ar ddechreu y gair *r*hedant, yn taro yn erbyn eu gilydd nes ffurfio y sain lusgol wla*dr*, ac felly yn ateb y sain *adr* yn y gair adref. Yn yr ail linell, y mae yr *r* yn dyne*r*, â'r *ch* yn *ch*wardd yn cydio â'u gilydd fel pe dywedid dyne*rch*, a thrwy lusgo y sain a ffurfir gan y cysswllt hwn trwy y llinell, y mae yn cyd odli â'r sain me*rch* yn y gair merched.

A. Mi welaf dy fod yn ddigon hyddysg yn y ffurf hon bellach; o ganlyniad, ni wnaf ond gosod i lawr ddwy linell etto yn cynnwys y ffurf hon ar y Lusg, er mwyn i ti chwilio am y gynghanedd ynddynt pan gei amser. Dyma hwy :—

Mawr yw galar *gwyr* Ma*rgam*.
Galar *chwerw*a fy a*rchw*aeth.

Y LUSG GYSSYLLTGUDD.

ARTHUR. Sylwwn yn nesaf ar y Lusg Gyssylltgudd.

IFOR. Aros Arthur, beth am y Lusg o Gysswllt Ddyblyg, ai nid hono ddylai ganlyn y Lusg o Gysswllt?

A. Mae'n wir mai dyna arferiad cyffredin Gramadegwyr; ond y mae genyf fi reswm dros wahaniaethu yn hyn, er nad yw hyny, feallai, ond mater o chwaeth. Pa fodd bynag, fy rheswm yw hyn: y mae y fath debygolrwydd rhwng y Lusg o Gysswllt a'r Lusg Gyssylltgudd, fel nad oes ond llythyren yn unig yn eu rhwystro i fod yn un; ac yn ol fy marn i, dylent fod yn un, gan adael heibio yr enw Llusg Gyssylltgudd yn hollol. Yr holl wahaniaeth rhyngddynt yw hyn:—Fod y *cysswllt* yn cael ei ffurfio â *dwy gydsain* yn y Lusg o Gysswllt; ac â *llafariad* a chydsain yn y Lusg Gyssylltgudd. Dyma enghraifft o'r Gyssylltgudd:—

Dyma fynydd ac afon.

Yn y llinell hon, ffurfir y cysswllt, trwy gymmeryd yn ganiataol fod yr *a* sydd yn diweddu y gair dyma, yn cydio yn yr *f* sydd yn dechreu fynydd, er mwyn gwneyd y sain lusgol *af*, i ateb yr unrhyw sain yn y gair *afon*.

I. Yn wir yr wyf fi yn hollol o'r un farn a tithau, y dylai y ddwy hyn gael eu gwneyd yn un, o ran y gwahaniaeth sydd rhyngddynt nid yw nac yma nac acw. Yn awr, gan fy mod wedi deall y Lusg o Gysswllt, a chan fod y ffurf hon mor debyg iddi, yr wyf yn meddwl y deallaf hon heb fawr trafferth; ac o ran hyny, yr wyf yn credu fy mod wedi ei deall. Dyma linell yn ei chynnwys onide?

Dyma Lyfr y bardd Alun.

A. Eglura hi, ac yna cawn weled.

I. Wel fel hyn yr wyf fi yn ei deall: dyna yr *a* ar ddiwedd y gair dyma, trwy ei chyssylltu â'r *L* yn y gair Lyfr, yn ffurfio y sain lusgol *aL*, ac y mae y sain flaenaf yn y gair *A*lun yn ateb iddi.

A. Yr wyt yn eithaf iawn hefyd. Dyma linell etto yn cynnwys y Lusg Gyssylltgudd:—

Efe a rodia'n araf.

Dichon y beia rhai hon, am fod yr *a* yn rhy aml ynddi, etto, hi etyb ein dyben ni yn bresenol. Mae yr *a* sydd yn canlyn y gair Efe, trwy ei chyssylltu â'r *r* sydd yn dechreu y gair rhodia, yn ffurfio y sain lusgol *ar*, ac yn ateb o ran sain i'r sill olaf ond un yn y llinell. Dyma linellau o'r un natur:—

Dyro gusan i'r hogen.
Gwyn ei fyd, fardd o Eifion.

Gadawaf y rhai hyn i ti gael chwilio am y cysswllt cudd sydd ynddynt dy hun.

Y LUSG O DDWBL GYSSWLLT.

Ifor. Ymddengys i mi oddi wrth enw y ffurf hon ei bod yn un gadarn iawn, gan ei bod wedi ei hassio ddwywaith, neu ei chyssylltu yn ddyblyg.

Arthur. Nid ei bod wedi ei hassio ddwywaith sydd i'w ddeall wrth yr enw, ond hyn: sef bod mwy o gydseiniaid i gael eu defnyddio i lunio y cysswllt yn nghyd â'r sain gyfatebol yn y ffurf hon, nag yn y Lusg o Gysswllt briodol. Weithiau bydd y gair blaenaf o'r ddau sydd yn cael eu cyssylltu yn gorphen gydag un gydsain, a'r gair dilynol yn dechreu â dwy gydsain, fel hyn:—

Treiddia gwres *trwy*'r flene*stri*.

Yn y llinell hon, diwedd y gair *gwres*, a dechreu y gair *trwy* sydd yn ffurfio'r cysswllt. Edrych, dyna *s* ar ddiwedd y gair gwres, a *tr* ar ddechreu y gair trwy, gyda chymhorth yr *e* sydd o flaen yr *s* yn y gair gwres, yn ffurfio y sain *estr*, yr hon sydd yn odli â'r sain olaf ond un yn y llinell. Brydiau ereill, gwneir y gynghanedd hon yn fwy cyflawn, trwy orphen y blaenaf a dechreu yr ail o'r geiriau cyssylltiol â dwy gydsain; a chael pedair cydsain yn eu hateb yn y sain olaf ond un yn y llinell, fel hyn:—

Gwedd le*fn* g*r*udd y ce*fngr*wm.

Mae diwedd y gair *lefn*, a dechreu y gair *grudd*, wrth eu cyssylltu gyda chymhorth yr *e* yn *lefn*, yn myned yn *efngr*; ac y mae *efngr* drachefn yn ateb y sain lusgol yn y gair cefngrwm.

I. Wel dyma wastraff ar gydseiniaid onide? Mae'r gynghanedd hon mor arw a thrwsgl, ag Englyn Ceiriog i'r Afr; ac heb nemawr synwyr yn y diwedd. Pa fodd bynag, yr wyf yn credu fy mod wedi gweled y ffordd sydd i'w gwneyd, dyma hi onide?

Rhu y môr droes yn ordrist.

Dyna yr *or* yn môr, a'r *dr* yn droes yn ffurfio y sain lusgol ddwbl cysswllt, sef *ordr*; a dyna *ordr* yn ei hateb drachefn, yn y gair ordrist.

A. Y mae dy linell yn eithaf cywir, ac mor synwyrol ag y gallesid dysgwyl iddi fod yn y gynghanedd hon, oblegyd y mae yn un anhawdd i gael synwyr iddi, heb son am farddoniaeth. Dyma linell etto, yn cynnwys y gynghanedd hon, ond y mae can arwed â draenog:—

Gosod lle*dr* *dr*os gle*dr-dr*awst.

Ti weli fod y gair lle*dr* yn gorphen â'r ddwy gydsain *dr*, a'r gair dros yn dechreu gyda *dr*; a chyda help yr *e* yn y gair lledr, ffurfir y sain *edrdr*. Dyna orchest i ti i seinio y cysswllt hwn.

pa fodd bynag, y mae yn iawn, gan fod *edrdr* yn y sain olaf ond un yn y gair cledr-drawst.

I. Wel yn wir, yr wyf yn gobeithio na ddaw dim galwad arnaf yn aml i wneyd defnydd o hon, onide bydd i'r cydseiniaid ddyrysu yn eu gilydd yn fy ngwddf a'm tagu.

A. Pa un a fydd angen defnyddio y gynghanedd hon arnat ai peidio, y mae o'r goreu dy fod yn ei deall; a chan dy fod wedi ei hamgyffred, ni a'i gadawn ar hynyna.

Y LUSG WYRDRO.

IFOR. Mi garwn yn fawr gael gair o eglurhad ar hon, oblegyd y mae yn anhawddach i mi ei deall yn y gwahanol Ramadegau nâ'r un o'r ffurfiau; am nad yw y ddwy sain, y lusgol a'r atebol yr un fath.

ARTHUR. Wel, am wn i nad yw y ffurf yma ar y Lusg yn anhawddach ei ddeall nâ'r un o'r lleill o herwydd y gwyrdröad; ac felly yn galw am eglurhad neillduol. Mae rhywbeth yn yr enw sydd yn arwyddo fod rhywbeth yn cael ei wyrdroi wrth lunio y ffurf yma ar y gynghanedd; ac y mae dynion hyddysg iawn yn y Rheolau, yn gwahaniaethu yn ei barnau o barth yr hyn sy'n cael ei wyrdroi. Dywed un dosparth mai yr hyn a feddylir wrth y gwyrdro yw, fod y ddauseiniad *ai* yn y sain lusgol, i gael ei wyrdroi yn *ei* yn y sain atebol. Hyny yw, ei bod yn rheolaidd i'r *ai* lusgol ateb yr *ei* atebol, fel hyn :—

Gwna dy w*ai*th ar dy *ei*thaf.

Yn y llinell hon y mae *aith* yn y gair gwaith, yn cael ei lusgo i ateb *eith* yn y gair eithaf; yr hyn sydd gywir yn ol golygiad rhai dynion gwir ddysgedig. Dosparth arall pa fodd bynag, a farnant yn wahanol i hyn; yr hwn a ddywed nad yw y dull a nodwyd yn gywir, am nad yw y ddwy sain yn perthyn i'r un gwreiddyn. Gwreiddyn gwaith yw *gwai*, a gwreiddyn eithaf yw *aith*; a barn y dosparth dan sylw yw, y dylai y sain lusgol a'r sain atebol fod yn wreiddiol yr un fath, ac mai treigliad y llafariaid sydd yn gwneyd y gwyrdröad, fel hyn :—

Dysg yr *Iaith* ar dy *ei*thaf.

Yn y llinell hon, *iaith* ac *eith* sydd yn ateb eu gilydd, a chan mai *aith* yw gwreiddyn y ddau air, neu y ddwy sain, dywed y dosparth a nodwyd mai dyma y dull cywir ar y Wyrdro.

I. Yn wir y mae yn drueni fod dynion dysgedig yn methu cydweled ar hyn, oblegyd y mae yn bur bwysig; yn enwedig pan fyddo y naill neu y llall o'r dosparthiadau hyn yn beirniadu, o herwydd condemnia un yr hyn a gymmeradwya y llall. Beth, tybed, yw dy farn di am dani?

A. Credwyf mai yr hyn sydd gywir yw hyn: os bydd y ddauseiniad *ai* yn *wreiddyn* i'r geiriau a ddefnyddir i ffurfio y sain lusgol a'r sain atebol, ei bod yn hollol gywir, er i'r olaf o'r ddwy gael ei threiglo i *ei;* megys,

Pa beth yw cais y treisiwr;

Yn wreiddiol, *cais* a *trais* yw y seiniau sy'n ateb eu gilydd yn y llinell hon; ond y mae yr *a* yn trais yn treiglo i *e* yn y gair treisiwr; etto, gan mai *ai* sydd yn y gwreiddiol, y mae yn gywir.

I. Yr wyf yn credu fy mod yn ei deall bellach; dyma hi, onide?

Yr wyf yn llai nâ'r lleiaf.

Dyna *llai* yn sain lusgol, a *llei* yn atebol iddi; a llai yw gwreiddyn lleiaf, ac felly y mae yn sicr o fod yn iawn.

A. Ydyw, wrth gwrs.

I. Wel, yn awr, ynte, gan ein bod wedi myned dros wahanol ffurfiau y Gynghanedd Lusg; beth pe bawn yn cael gair o gyfarwyddyd neu eglurhad ar y *Gwaharddiad* y sonir am dano yn y Gramadegau yn nglŷn â hon.

A. Mae y rheol yn ddigon eglur ar y pen hwn, heb achos ychwanegu. Dyma y rheol.—Nad yw iawn gosod y Gynghanedd Lusg i ddiweddu pennill o unrhyw fesur; nac mewn dwy linell nesaf i'w gilydd. Gellir ei gosod ddwywaith mewn Englyn Unodl Union, sef yn y llinell flaenaf a'r drydedd (er nad ymddedgys hyny yn dda); ond rhaid i'r llinell olaf feddu cynghanedd wahanol. Wrth gyfansoddi Hir a Thoddaid, neu y Gyhydedd Nawban, &c., nid yw yn rheolaid defnyddio y Lusg mewn dwy linell nesaf i'w gilydd. Hefyd, nid gwarantedig llusgo y llythyren *y* yn ei sain dywyll, i ateb ei sain oleu, megys:—

Mae'r bryn fel mab i'r m*y*nydd.

Mae'r *y* mewn geiriau unsill, megys bryn, ffyn, llyn, rhydd, dydd, ffydd, &c., ac yn y sill olaf i eiriau lluossill, megys coedydd, dolydd, ffosydd, &c., yn cyfranogi yn helaeth o sain yr *u*; ond yn cadw ei sain wreiddiol yn y sill olaf ond un, ac felly, nid yw y ddwy sain yn ateb eu gilydd yn naturiol. Ychydig iawn o eiriau sydd yn yr iaith, yn y rhai y defnyddir yr *y* yn y Lusg o gwbl: y mae *yn* felly, gan fod yr *y* yn cadw ei sain wreiddiol ynddo, megys:—

Cloddiwyd pwll *yn* y m*y*nydd.

Yn awr, wrth orphen gyda'r Gynghanedd Lusg, cofier nad yw y gwahanol ffurfiau sydd iddi, ond cynnifer o fanteision i'r cynghaneddwr; fel gallo, tra yn methu gwneyd un ffurf, gymmeryd ffurf arall arni. Yr un fath yn y cynghaneddion ereill; cynnifer o fanteision yw y gwahanol fathau o honynt.

Y GYNGHANEDD DRAWS.

IFOR. Yn awr, wrth adael y Lusg, a dechreu ar y Draws, y ffordd oreu fyddai i mi gael ychydig eglurhad ar natur hon, yn nghyd â chyfarwyddyd pa fodd y mae ei gwneyd.

ARTHUR. Wel ie, wrth gwrs; oblegyd nis gellir dysgwyl i ti ei deall heb hyny. Gelwir y Gynghanedd hon gan rai yn Groes Ganolgoll: a chan ereill yn Gynghanedd Draws; ac y mae'r ddau enw yn cyfleu yr un meddylddrych. Y mae hon yn dal yr un berthynas â'r Gynghanedd Groes, ag ydyw y Lusg â'r Sain, sef ei merch.

I. O ie, dan gof, darfu i ti ddweyd o'r blaen mai merch y Sain yw y Lusg; os felly, onid mwy naturiol fyddai myned at y Sain yn awr, gan ddilyn y perthynasau i'r cyff, cyn myned at deulu arall?

A. Byddai yn ddigon naturiol; ond barnwyf fod y Gynghanedd Draws yn hawddach i ti ei deall nâ'r Sain, ac felly yr wyf yn rhoddi yr hawddaf yn gyntaf i ti.

I. O'r goreu; yr wyf yn eithaf boddlawn i ti gael dy ffordd mewn perthynas i'r cynllun: dysgu y cynghaneddion yw fy mhwngc i; felly, dyro ychydig eglurhad ar natur, a dull gwneuthuriad y Gynghanedd Draws yma.

A. Yr hyn a ddeallir wrth yr enwau *Traws*, neu *Croes Ganolgoll*, yw, fod dechreuad a diwedd y llinell sydd yn cynnwys y Gynghanedd hon yn ateb eu gilydd o ran cydseiniaid; tra nad oes dim cynghanedd yn y canol.

I. Wel, yn wir, y mae yn ddrwg genyf ddweyd, nad wyf damaid callach etto; ac oddieithr i mi gael ychwaneg nâ hyn-yna o oleuni ar y Draws yma, gallaf ei gadael ar hyn.

A. Na, na; paid a digaloni, oblegyd mi a fynaf ei dysgu i ti. Beth pe baem yn ei chynnyg fel hyn: golygwn dy fod yn myned i lunio y Gynghanedd Draws mewn llinell. Meddwl fod y llinell hono yn cael ei rhanu yn dair rhan, sef dechreu, canol, a diwedd. Yn awr, er mwyn i ti ei deall, yr hyn sydd yn angenrheidiol tuag at iddi fod yn gywir yw peri i'r dechreu a'r diwedd glecian â'u gilydd, heb ofalu dim am y rhan ganol. Ceir egluro hyn yn fanylach trwy enghreifftiau, wrth sylwi ar wahanol ffurfiau y gynghanedd hon.

I. Meddwl wyf fi mai dyma y ffordd oreu hefyd, oblegyd y mae llinellau enghraffol, yn debyg iawn i ddarluniau mewn llyfrau, yn egluro y pyngciau a drinir. Soni am ddwyn yr enghraffau wrth sylwi ar *wahanol* ffurfiau y gynghanedd hon;

a oes llawer o ffurfiau yn perthyn iddi ?

A. Oes, y mae iddi gynnifer ag wyth o ffurfiau: y rhai a elwir *Y Draws Fantach, Y Draws Ddisgynedig, Y Draws o Gysswllt Ddisgynedig, Y Draws Gyfnewid, Y Draws Annghydbwys, Y Draws Gyferbyn, Y Draws o Gysswllt, a'r Draws o Gysswllt Ewinog.* Yn awr, ni a ddechreuwn gyda'r waelaf o honynt, sef y Draws Fantach, yr hon sydd fel hyn :—

Mam (yn ceryddu) ei merch.

Yn y llinell hon, dim ond yr *M* sydd yn nechreu y gair mam, a'r *m* sydd yn nechreu y gair merch, sydd yn ateb eu gilydd i ffurfio y gynghanedd. Neu, dichon ei fod yn eglurach fel hyn; fod y sain *Ma* yn y gair *Mam*, yn cynghaneddu â'r sain *me*, yn y gair merch ; sef dechreu a diwedd y llinell: a'r canol, sef y rhan sydd rhwng cromfachau, heb ddim cynghanedd.

I. Yr wyf yn credu ei bod yn dechreu goleuo yn awr. Y mae'r llinell hona yn dechreu, ac yn diweddu â geiriau unsill; a dim ond cael y gair blaenaf a'r gair olaf i ateb eu gilydd yn gynghaneddol, dyna Draws Fantach ; bod yn amddifad o ddannedd yw hyny, onide? O ganlyniad, rhaid mai cydseiniaid yw dannedd cynghanedd. Pa fodd bynag, yr wyf yn credu fy mod wedi deall hon etto ; a dyma linell o'r un natur â'th eiddo dithau, debygwyf :—

Llew (â'i ysglyfaeth mewn) llwyn.

Dyna *Llew*, yn y dechreu, yn ateb *llwyn*, yn y diwedd, ac felly y mae yn iawn, onid yw?

A. Ydyw, yn eithaf iawn ; a gallaset ei hegluro yr un gystal, trwy ddweyd fod yr *Ll* yn y gair Llew, yn ateb yr *ll* yn y gair llwyn.

I. Wel, gan fy mod wedi llwyddo i wneyd hon y tro cyntaf, gad i mi gael cynnyg etto. Beth am hon ?—

Mawr (yw ëangder y) môr.

Dyna *M* yn y gair mawr, yn ateb yr *m* yn y gair môr.

A. Ië, mae'n wir ; ond er hyny, y mae dy linell yn wallus y tro hwn ; am mai yr unrhyw gydsain sydd yn diweddu mawr a môr. Cyn y bydd yn iawn, rhaid i'r ddau air ddiweddu gyda chydseiniaid gwahanol, neu fod un o honynt yn diweddu â chydsain, a'r llall yn diweddu â llafariad. Hefyd, dylai y llafariad, neu y llafariaid fydd yn y ddau air fod yn gwahaniaethu er ffurfio dwy sain wahanol.

I. Yn ol hynyna, ynte, ni wna

Moch (yn cyd-redeg i'r) môr,

ddim o'r tro, am mai *o* sydd yn y geiriau moch a môr.

A. Na wna, wrth gwrs; am fod y ddwy sain moch a môr yn rhy debyg i'w gilydd. Gwell i ti gynnyg etto; oblegyd yr wyf yn gweled yn amlwg dy fod yn dechreu amgyffred y rheol.

I. Yr wyf finau yn credu fy mod wedi ei deall bellach; a chan y gwna y tro i un o'r ddwy sain sy'n ateb eu gilydd fod yn gorphen â llafariad, a llall â chydsain, y mai hon yn iawn:

Tân (yn cynnesu y) tŷ.

Dyna *tân* yn y dechreu yn ateb *ty* yn y diwedd; a chroesir, neu gamir dros, y rhan ganol, er mwyn cylymu y ddau ben wrth eu gilydd â chynghanedd.

A. Dyna ryw drefn arnat yn awr. Yr wyt wedi deall y ffurf hon yn ddigon da bellach.

Y DRAWS DDISGYNEDIG.

IFOR. Pa fath gynghanedd yw hon, a pha fodd y mae oreu i mi lwyddo i'w gwneyd yn rheolaidd?

ARTHUR. Y mae'r llinell neu'r llinellau sydd yn cynnwys hon yn dechreu yn unsillog, ac yn gorphen yn lluossill; a'r gair unsill dechreuol yn cynghaneddu â'r cymmal blaenaf o'r gair olaf; a rhan ganol y llinell heb ddim cynghanedd, fel hyn:—

Gwell (ydyw gochel) gwallau.

Yn y llinell hon y mae'r gair dechreuol *gwell* yn ateb *gwall* yn y gair gwallau; hyny yw, yr un cydseiniaid sydd yn y ddwy sain, sef *g ll*; ac y mae fod *e* yn blaenori yr *ll* yn un, ac *a* yn ei blaenori yn y llall, yn cyfnewid y sain; ac y mae y sill olaf o'r gair gwallau yn rhwystro y bai a elwir proest i fod yn y llinell.

I. Wel, mawr cymmaint o drafferth sydd i gofio yr holl fanylion hyn; y maent yn ddigon i hurtio dyn. Gad wel'd a wyf yn deall rhywfaint ar hon:—y mae i ddechreu yn unsill a diweddu yn lluossill: ond a ydyw yn wahaniaeth fod llafar unigol yn blaenori y gair unsill cyntaf yn y llinell?

A. Nac ydyw, ond yn hytrach yn fanteisiol i'r cyfansoddwr.

I. Yr wyf yn credu fy mod wedi gwneyd llinell iawn a chywir yn y ffurf hon ar y Draws, ynte, sef—

Y môr (a'i donau) mawrion.

Dyna y gair *môr* yn y dechreu yn ateb *mawr* yn mawrion, sef y cymmal blaenaf o'r gair olaf.

A. Yr wyt yn eithaf cywir; ond cofia fod y llinell yn arogli dipyn yn hen. Gwna gais etto, i gael un ychydig yn fwy newydd.

I. Wel, beth am hon ynte?—

        I Rys (daeth llith o) Rwssia.

Dyna *Rys* a *Rwss* yn ateb eu gilydd.

A. Da iawn. Yr wyt yn llwyddo yn dda gyda'r ffurf hon, ac felly mi garwn i ti wneyd llinell etto.

I. O'r goreu, mi wnaf, a dyma hi:—

        A llawn (o bysg yw'r) llynau.

Y mae'r gair unsill *llawn* yn cynnwys y ddwy gydsain *ll n*, ac y mae *ll n* drachefn yn eu hateb yn y cymmal blaenaf o'r gair *llynau*; neu mewn geiriau ereill, y mae y seiniau *llawn* a *llyn* yn cynghaneddu â'u gilydd.

A. Yr wyt wedi meistrioli y ffurf hon ar y Draws mewn ychydig amser, mi welaf, ac felly nid ychwanegwn.

Y DRAWS O GYSSWLLT DDISGYNEDIG.

IFOR. Nid oes dim son am y ffurf hon yn rhai o'r Gramadegau; beth yw yr achos o hyny?

ARTHUR. Dichon mai yr achos yw hyn,—fod rhai o'r Athrawon yn cymmysgu y Draws Ddisgynedig a hon â'u gilydd, heb ddangos y gwahaniaeth sy rhyngddynt; ac y mae rhai o'r Athrawon sy'n enwi'r ddwy ffurf wedi syrthio i'r un amryfusedd o'u cymmysgu, trwy ddefnyddio llinellau yn cynnwys y naill i geisio egluro y llall. Etto, dim ond bod yn fanwl, y mae y gwahaniaeth yn ddigon amlwg.

I. Wel, y ffordd oreu yn awr, ynte, fyddai cael ychydig gyfarwyddyd ar y dull o gyfansoddi yn y ffurf hon, yn nghyd ag eglurhad ar y gwahaniaeth sydd rhwng hon a'r un fu yn flaenorol dan sylw.

A. Yn y Draws Ddisgynedig, fel y sylwwyd yn barod, y mae y gair unsill sydd yn nechreu y llinell yn ateb o ran cynghanedd i ran flaenaf y gair dausill sydd yn ei diweddu. Ond y mae y Draws o *Gysswllt* Ddisgynedig i gael ei ffurfio ychydig yn wahanol. Y ffordd rwyddaf i'w gwneyd yw fel hyn:—Dechreu y llinell gyda dau air unsill, a'i gorphen â gair dausill. Yn awr, dyma'r manylion: y mae'r gair olaf ond un yn y llinell i ddiweddu â chydsain o'r un natur â'r gydsain flaenaf yn y llinell; a'r gydsain sydd yn gorphen y gair olaf ond un i gael ei chyssylltu, neu i ddechreu, y sain flaenaf yn y gair olaf;— dyna'r *cysswllt*. Hefyd, y mae yr ail air yn y llinell i fod yn cynghaneddu â rhan flaenaf y gair olaf, fèl hyn:—

        Rhoi baich ar wâr y bychan.

I. Yn wir, y mae yr eglurhad hwn yn rhy dywyll o lawer i mi weled dim ond niwl tew etto. Da ti, dadgymmala y llinell, i gael gweled a ddeallaf hi fel hyny.

A. O'r goreu, mi wnaf. Edrych ar y llinell etto. Dyna y gair blaenaf yn dechreu â chydsain, ac yn diweddu â llafariad; a'r ail air yn dechreu ac yn gorphen â chydsain—*Rhoi baich*: a rhwng y ddau air y maent yn cynnwys y cydseiniaid *r*, *b*, *ch*. Yn awr llamwn dros bedair llythyren, hyd at yr *r* yn y gair wàr, yr hon, fel y gweli, sydd o'r un rhyw â'r gydsain flaenaf yn y llinell. Wel, yn awr, wrth ddefnyddio yr *r* yn wàr i ddechreu rhan olaf y llinell, ceir *b* ac *ch* yn canlyn i ateb yr *r b ch* sydd yn y dechreu; neu mewn geiriau ereill, ceir y seiniau *Rhoi baich* yn y dechreu i ateb *ry bych* yn y diwedd, fel hyn:—

Rhoi baich (ar wa-)-*r-y by*chan.

Etto cofia nad oes angen cael llafariad rhwng y gair olaf ond un a'r gair olaf, tuag at i'r gynghanedd fod yn gywir.

I. Wel, aros etto, i mi gael chwareu teg i geisio deall gwahanol gymmalau y llinell hon, fel y deallwyf y rheol drwyddi. Dyna y ddau air blaenaf yn unsillafog, y blaenaf yn diweddu â llafariad, a'r ail yn dechreu a diweddu â chydsain. Hefyd, dyna y gair olaf ond un yn gorphen â chydsain, a hono o'r un natur â'r gydsain flaenaf yn y llinell, yr hon sydd i gael ei huno â'r gair olaf o ran sain, er mwyn ffurfio y cysswllt. Yn awr am dani, ynte; beth am y llinell hon?—

Dau ddyn yn dod o Ddowlais.

Dyna y llinell yn dechreu â dau air unsill, yn gorphen yn ddausill, a'r gair olaf ond un yn gorphen â chydsain o'r un natur â'r un sy'n dechreu y llinell.

A. Rhaid dy ganmol am dy ymgais; yr wyt yn agos a bod yn gywir, etto wedi methu y tro hwn. Edrych; *d dd n* sydd genyt yn y ddau air blaenaf o'r llinell; ac wrth ddechreu y rhan olaf gyda'r *d* olaf yn y gair dod, *d dd l* sydd genyt i ateb y *d dd n* dechreuol. O ganlyniad, y mae yn rhaid i ti gael *l* yn lle yr *n* yn y dechreu, neu *n* yn lle yr *l* yn y diwedd. Buasai yn gywir o ran cynghanedd fel hyn:—

Dau ddèl (yn do-)-d o Ddowlais.

I. Mi gwelaf hi o'r diwedd, myn caib. Mae'n rhaid cael yr ail air yn y llinell i ateb y cymmal olaf ond un ynddi; dyma hi yn awr:—

Dau ddyn hyno*d o dda*wnus.

A. Dyna hi yn gywir yn awr, gan fod

Dau ddyn (yn ateb) *d-o ddawn*-us.

Yn awr, er mwyn i ti fod yn sicr o honi, gwna linell neu ddwy etto, i gael gweled a fydd y rhai hyny yn gywir.

I. O, yr wyf yn sicr o honi yn awr, gelli benderfynu; ond wrth gwrs, er mwyn dy foddloni di, mi wnaf ddwy linell yn cynnwys y gynghanedd hon yn awr, a dyma hwy:—

> Lle gwael yw pabell Gwilym.
> Dydd Iau priododd Ieuan.

A. Mae dy ddwy linell yn ddigon *cynghaneddol*, mae'n wir, ond dim ond y flaenaf o'r ddwy sydd yn cynnwys y *Draws o Gysswllt Ddisgynedig*: y Draws Annghydbwys sydd yn y llall. Edrych, yr wyt yn gorfod cyssylltu y ddwy gydsain olaf yn y gair prio*dodd* â'r gair olaf, i ateb y gair *dydd* yn y dechreu. Cofia mai y rheol yw, fod yn rhaid i'r gair olaf ond un ddiweddu â'r un gydsain, â'r un sydd yn dechreu y llinell.

I. Yn ngholl y bo'r gynghanedd hon; y mae yn fwy dyrus nâ'r lleill i gyd o lawer. Ond er hyny, yr wyf yn sicr ei bod genyf yn awr, a dyma hi:—

> *Ty gwyn* ar yr allt *gan*ol.

A. Ië, dyna hi yn gywir ddigon; ond er mwyn profi dy fod yn ei deall yn drwyadl, eglura gynghanedd dy linell.

I. Wel fel hyn yr wyf fi yn ei deall: dyna y llinell yn dechreu â dau air unsill; y blaenaf o honynt yn dechreu â chydsain, ac yn gorphen â llafariad; yr ail air yn dechreu ac yn diweddu yn gydseiniol; a chynnwysa y ddau y cydseiniaid *t g n*. Yna yr wyf yn myned dros y geiriau *yn yr*, a rhan o'r gair *allt* hyd at y llythyren *t*, yr hon sydd o'r un rhyw â'r gydsain flaenaf yn y llinell. Yn nesaf, yr wyf yn cymmeryd y *t* sydd yn gorphen y gair *allt* i gychwyn y rhan olaf o'r llinell, gan ei chyssylltu o ran sain â dechreu y gair olaf, yr hwn sydd yn cynnwys y cydseiniaid *g n*, ac felly yr wyf yn cael *t g n* yn y diwedd i ateb y *T g n* sydd yn y dechreu; a chan fod y llafariaid yn wahanol rhwng y cydseiniaid, yn nau ben y llinell, y mae y naill ben iddi yn cynghaneddu â'r llall.

A. Da iawn; dyna brawf eglur dy fod yn ei deall, a gobeithio na fydd i ti ei hannghofio.

Y GYNGHANEDD DRAWS GYFNEWID.

ARTHUR.—Rhoddir yr enw hwn i'r Gynghanedd Draws pan fyddo y llinell a'i cynnwysa yn dechreu a diweddu â geiriau yn cael eu gwneyd i fyny â llafariaid i gyd ond y llythyren orphenol; neu, pan fyddo y naill air cynghaneddol yn llafariaid i gyd, a'r llall yn gorphen yn gydseiniol, fel hyn:—

> *Hoyw* (a chwim yw'r) *eog*.

Yn y llinell hon *Hoyw* ac *eog* sydd yn ateb eu gilydd, a'r rhan sydd rhwng cromfachau heb gynghanedd; a buasai yr un mor gywir fel hyn:—

Eog (sy'n chwim a) *hoyw.*

IFOR. Wel, yn wir, nid yw yn rhyfedd yn y byd fod dynion yn achwyn ar y cynghaneddion, oblegyd y mae yn anmhosibl cofio hanner y manylion sydd yn nglyn â hwy.

A. O na, nid yw yn anmhosibl, er ei bod yn anhawdd. Ond y mae hyn o gysur i'w gael, sef nad yw yn anhebgorol angenrheidiol cofio yr holl fanylion yn berffaith tuag at fod yn gynghaneddydd da; oblegyd y mae rhai o brif feirdd ein gwlad yn bresenol nad ydynt yn cofio enwau un rhan o dair o'r ffurfiau sydd ar y gwahanol gynghaneddion, ac etto yn gallu eu defnyddio wrth gyfansoddi.

I. O wel, y mae hyna yn gryn gysur i minau. Ond yn awr am y rheol gyda golwg ar y Draws Gyfnewid yma;—fod y ddau air sydd ar ddechreu a diwedd y llinell i fod yn llafariaid i gyd ond y llythyren orphenol; neu fod un o honynt yn llafariaid i gyd, a'r llall yr un fath ond y llythyren olaf. Yn awr am gael cynnyg arni, ynte:—

Ioan (sy'n fawr ei) awydd.

Dyna *Ioan* yn y dechreu, ac *awydd* yn y diwedd, yn cynganeddu â'u gilydd; ac yn cael eu gwneyd i fyny i gyd â llafariaid ond y gorpheniad; a'r rhan sydd rhwng cromfachau, wrth gwrs, i fod yn ddigynghanedd.

A. Yr wyt yn eithaf cywir y tro hwn, ac yr wyf yn credu dy fod wedi ei deall, oblegyd y mae hon yn un hawdd iawn. Dyma linell o'r un natur etto,—

Huan (wresoga'r) awyr,

gan fod *Huan* ac *awyr* yn cynghaneddu, a chanol y llinell i gael llamu drosto.

I. Dyma linell gywir etto, onide?—

Ieuanc (a llon yw) Owen;

oblegyd dyna *Ieuanc* ac *Owen* yn cynghaneddu â'u gilydd.

A. Ie, dyna linell gywir ddigon; a chan dy fod wedi ei deall, ni fydd o un dyben i ni dreulio ychwaneg o amser gyda hi yn bresenol.

Y DRAWS ANNGHYDBWYS.

IFOR. Yn awr, Arthur, gad i mi gael gair o eglurhad genyt ar yr enw *Traws Annghydbwys* yma, a dichon y teifl hyny ryw oleuni ar y rheol sy'n llywodraethu y ffurf yma.

ARTHUR. Teifl, yn ddiamheu; oblegyd yr oedd yr Hen

Feirdd fu yn llunio rheolau y cynghaneddion yn gryn athronwyr, ac y maent wedi dewis enwau lled athronyddol ar y rhan fwyaf o'r cynghaneddion. Yn awr, tuag at ddeall yr ansoddair *annghydbwys* yn y fan hon, rhaid cymmeryd yn ganiataol fod dau ben y llinell neu y llinellau sydd yn cynnwys y gynghanedd hon yn cael eu pwyso, a chyn y bydd yn gywir rhaid i'r ddau ben fod yn annghyfartal o ran pwysau; hyny yw, y mae mwy o *lafariaid* i fod yn un pen nag sydd i fod yn y llall. Gellir cyfansoddi hon ar yr accen ddyrchafedig neu ddisgynedig; a gall un gair fod yn ateb dau, neu ddau yn ateb dau neu dri o eiriau: ar nifer y llafariaid yr ymddibyna yr annghydbwysedd, fel y sylwwyd yn barod. Dyma enghraifft yn y ddwy accen:—

Gwr hyfwyn (barcha) grefydd,
Da yw ei ffawd, pleidia ffydd.

Yn y llinell flaenaf o'r ddwy hyn, y mae *g r f* yn y geiriau *gwr hyfwyn*, ac *g r f* yn eu hateb yn y gair *grefydd*. Nid yw cydsain y brifodl na'r orphwysfa i'w cyfrif, wrth gwrs. Yn awr, ynte, gan fod y tair cydsain yr un fath yn y ddau ben i'r llinell, a'r gair rhwng cromfachau i'w drosi, neu lamu drosto, rhaid nad yw yr annghydbwysedd ddim yn y cydseiniaid. Ond wrth rifo y llafariaid yn nau ben y llinell, fe geir fod pedair, heblaw yr *h*, yn y pen blaenaf i ateb dwy yn y pen olaf.

Yn yr ail linell, ceir saith llafariad yn y pen blaenaf i ateb tair yn y rhan olaf, fel hyn:—

1 2 3 4 5   6 7   1 2   3
Da yw ei ffawd (plei-)-dia ffydd:

a'r cydseiniaid *d ff* yn ateb eu gilydd yn y naill ben a'r llall.

I.—Yn wir, mae'r eglurhad hwn ar yr ansoddair *annghydbwys* yn beth newydd hollol i mi, ac yr wyf yn ei hoffi o herwydd ei naturioldeb. Hefyd, yr wyf yn credu fy mod wedi deall y rheol gyda golwg ar wneyd llinellau yn cynnwys y gynghanedd dan sylw; a dyma bennill o gywydd o'm gwaith i brofi hyn—

Hygar a doeth (yw'r) gwr da,
Rhyw addysg (i'r byd) rodda.

A. Go lew, yn wir: yn awr, beth pe baet yn dangos yn mha le y mae yr annghydbwysedd cynghaneddol yn dy linellau?

I. Wel, yr wyf yn credu y gallaf wneyd hyny hefyd. Yn y llinef flaenaf, y mae y geiriau *Hygar a doeth* yn y rhan flaenaf o honi yn ateb y geiriau *gwr da* yn y rhan olaf, tra y llamir dros (*yw'r*) i gyrchu y gynghanedd. Yn awr am yr annghydbwysedd. Y mae pump llafariad a'r *H* yn y geiriau *Hygar a doeth*, tra nad oes ond dwy yn *gwr da*; felly, dyna orbwysiad o dair. Yn yr ail linell, mae yn amlwg mai '*Rhyw addysg* yn y dechreu, a *rodda* yn y diwedd, sydd yn cynghaneddu â'u gilydd, tra y mae (i'r byd) i gael ei adael megys yn ddisylw. Yn awr, ynte, dyna y cydseiniaid *R dd* yn y rhan flaenaf o'r llinell, ac *r dd* yn eu hateb yn y rhan olaf; ac felly y maent yn gyfartal: ond gan fod pedair llafariad yn y geiriau *Rhyw addysg* yn y dechreu, a dim ond dwy yn *rodda* yn y diwedd, y mae yna annghydbwysedd hefyd.

A. Da iawn yw genyf dy weled yn dyfod yn mlaen mor gyflym gyda hon. Y mae yn amlwg dy fod wedi ei deall bellach, ac felly nid aroswn ychwaneg gyda hi, dim ond rhoddi un enghraifft ychwanegol i'w dangos, a dyma hi:—

   Diobaith (gwelir) dwy-bunt
   Gwr balch, (sy'n) gwario ei bunt.

Yn y flaenaf o'r ddwy y mae y cydseiniaid *d b* yn gydbwys yn y ddau ben; tra y mae y llafariaid *i o a i* yn y pen blaenaf, ac *w y u* yn y pen olaf, sef tair yn ateb pedair. Yn yr ail linell, y mae digon o orbwysiad neu annghydbwysedd i unrhyw bwrpas; dim ond dwy lafariad sydd yn y pen blaenaf i ateb saith yn y pen olaf. Edrych—

   1 2   1 2 3 4 5 6 7
   Gwr balch (sy'n) gwario ei bunt.

Y DRAWS GYFERBYN.

IFOR. Gan ein bod yn myned at ffurf arall ar y Gynghanedd Draws, dichon y byddi gystal ag egluro ychydig ar ansawdd a dull gwneuthuriad y ffurf *gyferbyn* yma.

ARTHUR. Gwnaf, gyda pharodrwydd: a gallaf dy hyspysu ei bod yn un rwydd iawn ei deall, ac felly byddaf yn dysgwyl cael yr enghreifftiau yn ddyblyg genyt, fel yn y ffurf annghydbwys, sef cael dwy linell yn cydodli, a'r ddwy yn cynnwys y Draws Gyferbyn. Fel hyn mae ei gwneyd:—Os mai yn yr accen ddisgynedig, sef y lluossill, y bydd y llinell yn diweddu, y cwbl sydd yn angenrheidiol yw cael gair lluossill yn y dechreu yn ateb y gair olaf o ran cynghanedd, gan neidio dros y rhan ganol i gyrchu y gynghanedd hono. Ond os mai yn unsill y bydd y llinell yn diweddu, y mae ychydig yn wahanol; hyny yw, gall hono ddechreu yn unsill neu yn lluossill; ond bydd yr orphwysfa, sef diwedd y rhan flaenaf, yn gorphen yn unsill, fel diwedd y llinell. Ceir egluro hyn yn amlycach yn yr enghreifftiau.

I. Yr wyf fi yn hoffi cynllun y ddwy linell i ddangos y gynghanedd yn fawr; y mae yn sicr o fod yn well na'r hen gynllun un llinellog, am y gellir cyfleu y synwyr yn well mewn dwy nag mewn un. Ond pwngc anhawdd iawn yw cael dwy linell yn cydodli ar wahanol accen, ac etto pob un o'r ddwy yn cynnwys yr unrhyw gynghanedd.

A. Y mae hyn yn dipyn o orchest, mae'n wir; ond gydag ymdrech gellir ei wneyd. Etto cofia nad yw hyn yn ddim ond boddio cywreinrwydd, oblegyd nid oes achos gwneyd yr orchest hon wrth gyfansoddi na chywydd nac englyn. Ond heb ymdroi ychwaneg, awn at yr enghreifftiau. Dyma bennill o gywydd yn cynnwys y Draws Gyferbyn yn y naill a'r llall o'r llinellau:—

  Cafwyd (elfenau) cyfoeth,
  Gan y dyn (â'r) genau doeth.

Yn y llinellau hyn y mae yn ddigon eglur fod

  Cafwyd (yn ateb) *cyfoeth*,
   a
  Gan y dyn (yn ateb) *genau doeth*;

a'r geiriau rhwng cromfachau i gael eu trosi.

I. Yn wir, mi allwn feddwl fod hon yn un hawdd ei gwneyd—dim ond cael y ddau ben i ateb eu gilydd. Dyma hi, onide?—

  Telyn (yn lloni) teulu
  Anedd deg y mynydd du.

A. Y mae dy ddwy linell yn eithaf cynghaneddol, mae'n wir, ond dim ond y flaenaf o honynt sydd yn cynnwys y *Draws Gyferbyn*, sef—

  Telyn (yn ateb) *teulu*.

Dyna *Telyn* a *teulu* yn cynghaneddu â'u gilydd. Yn yr ail linell, y *Draws o Gysswllt* sydd genyt, gan dy fod yn cyssylltu y rhan olaf o'r gair *mynydd* â'r gair *du*, i ateb y geiriau *Anedd deg*; fel hyn—

  Anedd deg (y m-)-ynydd du.

I. Aros di dipyn, mi a'i gwelaf hi yn awr. Yn y Draws Gyferbyn, y mae yn rhaid cael y geiriau sydd yn cynghaneddu â'u gilydd yn gyflawn ar bob tu i'r cromfachau ynte. Yn awr, beth am dani fel hyn:—

  Telyn (yn lloni) teulu
  Yn nydd gwyl (mewn) anedd gu.

A. Dyna hi yn iawn bellach, gan fod

  Yn nydd gwyl (yn ateb) anedd gu.

I. Wel, yn awr, gan fy mod wedi llwyddo unwaith, beth pe

bawn yn cynnyg etto, er mwyn bod yn sicr o honi. Beth am y rhai hyn:—

   Rhywiog (y gweina'*r*) awen
   Yn ei swydd (tra'r) Ynys Wen.

A. Dyna ti wedi llithro i'r un man etto, sef i'r Draws o Gysswllt, yn dy linell flaenaf, gan dy fod yn assio yr *r* sydd yn canlyn y gair *gweina* â'r gair *awen* cyn cael cynghanedd; oblegyd

   Rhywiog (y gweina)'*r awen*

sy'n ateb eu gilydd; neu mewn geiriau ereill, *rhywiog* a *r-awen* sy'n cynghaneddu.

I. Wel dyma beth hynod i mi, fy mod yn cyfansoddi llinellau cywir mewn cynghanedd nad wyf wedi cael gwersi ynddi, sef y *Draws o Gysswllt*. Pa fodd bynag, mi fynaf wneyd yr un *Gyferbyn* yn iawn, oblegyd yr wyf yn ei deall yn llwyr bellach. Dyma hi, onide?

   Llawen (yw gwyneb) Llywarch,
   Er y byd (mae'n) wr o barch.

Dyna *Llawen* yn ateb *Llywarch* yn y llinell flaenaf, a gadael (yw gwyneb) allan, wrth gwrs. Yn yr ail linell, y mae *Er y byd* yn cynghaneddu â'r geiriau *wr o barch*, tra mae'r (mae'n) i gael ei drosi.

A. Dyna ti wedi ei chael bellach; a chan dy fod wedi ei ddysgu, cadw hi yn dy gof.

Y DRAWS O GYSSWLLT.

Ifor. Gan fy mod wedi dygwydd gwneyd llinellau cywir yn y gynghanedd hon cyn cael gwersi ynddi, yr wyf yn credu y dysgaf hi yn rhwydd; ac y mae yr awgrym sydd wedi ei roddi yn barod wedi rhoddi i mi beth goleuni arni, fel yr wyf yn ei deall i raddau yn barod.

Arthur. Wel, os wyt yn meddwl dy fod yn ei deall, gad i mi gael clywed genyt pa fodd y mae ei ffurfio mewn llinell.

I. Mor bell ag wyf fi yn ei deall, y mae rhywbeth ynddi sydd yn debyg iawn i'r Lusg o Gysswllt; hyny yw, y mae diwedd un gair i gael ei gyssylltu â dechreu y gair dilynol, er ffurfio y gynghanedd. Fel hyn: meddylier fod gair yn nechreu llinell yn cynnwys nifer neillduol o gydseiniaid, a bod y gair olaf ynddi heb fod yn cynnwys nifer digonol i'w hateb; tuag at wneyd y diffyg i fyny cyssylltir diwedd y *gair olaf ond un* â'r gair olaf; ond cofier fod yn rhaid i'r cydseiniaid fyddo yn niwedd y gair olaf ond un fod o'r un rhyw â'r rhai fyddo yn nechreu y llinell. Dichon nad wyf yn gallu egluro y peth yn ddigon priodol, etto yr wyf yn credu fy mod yn deall y rheol gyda golwg ar y gynghanedd hon.

A. Yn wir, y mae yn ymddangos felly; ac os nad wyt wedi llwyddo i foddio dy hun wrth geisio egluro y rheol, ni a gawn wneyd hyn yn eglurach mewn enghreifftiau. Dyma bennill o gywydd yn cynnwys y Draws o Gysswllt yn y naill a'r llall o'r llinellau:—

Y PREN GWAHARDDEDIG.
A oedd pryf wrth wrai*dd* y pren
A ddodwyd yn ngar*dd* Eden?

A elli di egluro y gynghanedd yn y llinellau hyna?

I. Yr wyf yn meddwl y gallaf. Yn y llinell flaenaf o'r ddwy, y mae *A oedd pryf* yn ffurfio y rhan gyntaf; yna llamir dros y gair *wrth*, ac hyd at yr *dd* yn y gair *wraidd*. Yn awr, wrth gymmeryd yr *dd* hono i ddechreu y rhan olaf o'r llinell, trwy ei chyssylltu, fe geir yr un cydseiniaid yn y rhan flaenaf â'r rhan olaf, ac yn ffurfio y seiniau canlynol trwy gymhorth llafariaid:—

A oedd pryf —— ddy pren;

neu dd p r yn ateb dd p r. Wel, yn yr ail linell, *dd* yw y gydsain flaenaf ynddi, ac *dd* sy'n gorphen y gair olaf ond un. Yn y dechreu y mae y gair *ddodwyd*; ac wrth gysylltu yr *dd* sydd ar ddiwedd *yn ngardd* â'r gair olaf, fe geir y seiniau *ddeden* ar y diwedd i ateb *ddodwyd* yn y dechreu—

A ddodwyd (yn ngar-)dd-Eden.

Mae y rheol hon yn debyg iawn i'r rheol at weithio *Substraction* pan fyddo y rhifnod isaf yn fwy na'r un uchaf, sef benthyca deg er chwyddo y rhif lleiaf, fel hyn:—

$$\begin{array}{r} 24 \\ 16 \\ \hline 8 \end{array}$$

Am nas gellir cael 6 mewn 4, rhaid benthyca 10, fel y gellir cymmeryd 6 o 14, ac 8 yn ngweddill. Felly, wrth wneyd y gynghanedd hon, gan nad yw y gair olaf yn cynnwys cydseiniaid priodol i ateb y rhai sydd yn nechreu y llinell, y mae yn oddefol cymmeryd benthyg y gydsain sydd ar ddiwedd y gair olaf ond un, ond rhaid i hono fod o'r un natur â'r un flaenaf yn y llinell.

A. Yn wir, yr wyt yn gallu egluro y gynghanedd hon yn feistrolaidd. Dyma ddwy linell etto i ti gael eu dadgymmalu, er dangos y cysswllt, &c.:—

I'R ADAR.
A llonwyd fy holl anian,
Yn y coed gan swyn eu cân.

I. Wel, y mae yn ddigon hawdd ei wneyd fel hyn:— Dyna yr *ll* yn y gair *holl*, yn y llinell flaenaf, i gael ei chyssylltu â'r gair olaf, er mwyn ffurfio y seiniau *llanian* i ateb y *llonwyd* yn y dechreu, fel hyn:—

A llonwyd (fy ho-)*ll* anian.

Ac yn yr ail linell fel hyn:—

Yn y coed (gan swy-)*n* eu cân,

er mwyn cael *ny coed* a *neu cân* i ateb eu gilydd. Yr wyf wedi gwneyd llinellau fy hun, hefyd, yn cynnwys y gynghanedd hon, sef,—

A natur rydd wê*n* etto,
Yn ei drych ar hy*n* o dro.

Neu, a'u dadgymmalu, fel hyn:—

A natur (rydd wê-)n-etto,
Yn ei drych (ar hy-)n o dro.

A. Os deui di yn mlaen gyda'r cynghaneddion sydd i ganlyn cystal ag wyt wedi dyfod yn mlaen gyda hon, byddi yn gampwr cynghaneddol yn fuan iawn. Mae yn amlwg dy fod yn deall fod yn rhaid i'r gair olaf ond un ddiweddu â chydsain yn y Draws o Gysswllt yma, a bod yn rhaid i'r gydsain hono fod o'r un natur â'r gydsain flaenaf yn y llinell; onide, ni allaset gyfansoddi yn gywir. Yn awr, cyn gadael hon, rhoddaf enghraifft arall, a chei dithau ei dadgymmalu:—

Derwen o dyfiad araf,
Ar ei sedd yn hir y saf.

I. Mi a ddangosaf hon i ti ar unwaith, fel hyn:—

Derwen (o dyfia-)*d* araf,
Ar ei sedd (yn hi-)*r-y* saf;

Neu

Derwen ——— d-araf,
—r-ei sedd ——— r-y saf.

A. Da iawn, yn wir. Nid oes angen ychwaneg o hyfforddiant arnat gyda golwg ar hon.

Y DRAWS O GYSSWLLT EWINOG.

I. Beth yw ystyr y gair ewinog yma, Arthur? Mewn gwirionedd, y mae eisieu newid hanner yr enwau sydd yn perthyn i

Reolau Barddoniaeth cyn y gall pobl eu deall. Dyna y Gwant, y Rhagwant, Proest, Garllaes, &c., nid oes dim o hanner y beirdd yn gwybod yn y byd beth ydynt; a dyma yr Ewinog yma etto yr un fath.

A. Aros dipyn, a chymmer yn fwy araf; a phaid a bod mor barod i feio pethau. Ti wyddost fod yn rhaid cael rhyw enw ar bobpeth. Nid wyf yn amheu na ellid cael newidiad enwau er gwell ar y rhai a nodaist, sef cael enwau mwy cymhwys i gyfleu yr hyn a feddylir wrth y Gwant, &c.; ond fe fyddai yn rhaid cael barn yr arglwyddi barddol arnynt yn y Senedd Eisteddfodol cyn y byddent yn warantedig. Felly gwell i ni yn bresenol, feallai, beidio bathu enwau newyddion, ond ceisio deall yr hyn a gyfleir yn yr enwau sydd arnynt yn barod.

I. Wel beth sydd i'w ddeall wrth y gair ewinog, ynte?

A. Wel, y mae yn anhawdd gwybod i sicrwydd beth sydd i'w ddeall wrtho, os nad y meddwl yw,—fod dwy gydsain feddal o'r un rhyw yn uno â'u gilydd trwy osod eu hewinedd y naill yn y llall, er mwyn bod yn gyfartal o ran cryfder i gydsain galed. Bryd arall, gesyd cydsain feddal ei hewinedd yn y llythyren h i'w chynnorthwyo i fod yn gyfartal i gydsain galed, os na fydd cydsain feddal o'r un natur â hi mewn sefyllfa briodol i roi help iddi. Ond dichon y dealli y peth yn well fel hyn:—Y mae dwy g, neu g a h, trwy eu bod yn cael eu huno â'u gilydd, yn ateb c; dwy d, neu d a h, yn ateb i t; a dwy b, neu b a h, yn ymewino i ateb p.

I. Nid wyf fi un mymryn callach etto, wedi yr holl eglurhad (os yw yn eglurhad hefyd); o ganlyniad, tyred at yr enghreifftiau ar unwaith, i gael gweled a ddeallaf rywfaint o natur yr ewinedd yma felly.

A. O'r goreu; dyma enghraifft i ddechreu:—

> Cysswllt ewino$g$ $g$eisiaf,
> A'i mêl coeth yn amlw$g$ $g$af.

Y mae'r cysswllt yn cymmeryd lle yn y ffurf hon trwy uno diwedd y gair olaf ond un â'r gair olaf. Yn y llinell flaenaf, y mae yr g ar ddiwedd y gair *ewinog* a'r g ar ddechreu y gair *geisiaf*, trwy daro yn erbyn eu gilydd, yn cynnyrchu y sain c:—

> Cysswllt (ewino-)g-$g$eisiaf.

Yn yr ail linell, y mae yr g ar ddiwedd y gair *amlwg*, a'r g a ddechreu y gair *gaf*, yn gyfartal i'r c yn y gair *coeth*; ac felly y mae'r cydseiniaid yn ateb eu gilydd fel hyn:—

> m l c —— m l g g.

I. Yr wyf yn credu fy mod yn eu gweled bellach, er ei bod

yn un bur anhawdd ei deall ar y cyntaf. Ond cyn yr anturiaf i wneyd llinellau, mi garwn gael gwybod a oes rhaid i'r cysswllt gymmeryd lle bob amser yn y rhan olaf o'r llinell, fel yn yr enghraifft uchod?

A. Nac oes; gall fod yn y rhan flaenaf yr un gystal, a'r gydsain galed yn y rhan olaf, fel hyn:—

> Bu Ne*d H*ughes yn boen i *t*i,
> Poerodd i wyne*b H*arri.

Yn y flaenaf o'r ddwy, dyna *d H* yn y rhan flaenaf yn ateb *t* yn y rhan olaf; hyny yw, y mae yr *H* yn *Hughes* yn caledu y *d* sydd yn gorphen y gair *Ned*, i ateb y *t* yn y gair *ti* ar ddiwedd y llinell. Yn yr ail linell y mae y gydsain galed *P* yn y rhan flaenaf, a *b h* yn ei hateb yn y rhan olaf, sef

> Poerodd yn ate*b H*arri,
> Neu
> Poerodd (yn ate*b*) gwyne*b H*arri.

Y mae y *b* a'r *H* yn mhob un o honynt yn ateb y *P*; a'r cydseiniaid ereill yn y rhan flaenaf a'r rhan olaf yn ateb eu gilydd, wrth gwrs.

I. Yr wyf yn ei deall yn awr; ac er profi hyny dyma bennill o gywydd, a'r cysswllt ewinog yn y naill a'r llall o'r llinellau:—

> *C*annoedd o feny*g g*wynion
> Yn eu *t*ai y fyny*d h*on.

Gwelir y gynghanedd yn well, feallai, fel hyn:—

> *C*annoedd (o feny-)*g*-*g*wynion
> Yn eu *t*ai (y fyny-)*d*-*h*on.

Y mae y ddwy *g* yn y llinell flaenaf, wrth daro yn erbyn eu gilydd, yn swnio fel *c* i ateb yr *C* ddechreuol; a'r *d h* wrth gyd-daro yn swnio fel *t*, i ateb y *t* yn *tai*.

A. Yr wyt yn eithaf cywir; a gobeithio y bydd i ti gofio y rheol gyda golwg ar hyn. Dyma ddwy linell etto o'r un natur:—

> Yn y *c*ae eithino*g*, *g*wel,
> Ai *t*eneu yw'r cnw*d*, *D*aniel?

Yn y flaenaf, y mae *n c* yn ateb *n gg*, ac yn yr ail y mae *t n* yn ateb *d d n*, fel hyn:—

> Y*n* y *c*ae (eithi-)*n*o*g*, *g*wel,
> Ai *t*eneu (yw'r cnw-)*d*-*D*aniel.

Yn awr dyma ni wedi myned dros y *Gynghanedd Draws* yn ei gwahanol ffurfiau; ac wrth ei gadael, cofia mai y prif bwngc gyda golwg ar hon yw cael dechreu a diwedd y llinellau i groes gynghaneddu a'u gilydd, yn annibynol ar y rhan ganol.

Y GYNGHANEDD SAIN.

IFOR. A oes llawer o ffurfiau yn perthyn i'r Gynghanedd Sain, fel ag oedd i'r Lusg a'r Draws? Os oes, pa sawl math o Gynghanedd Sain sydd?

ARTHUR. Wel dyna ofyniad anhawdd iawn ei ateb, yw dy olaf, am fod yr athrawon mawrion yn methu cyduno ar hyn; a gorchwyl chwerthinllyd yw ceisio eu cyssoni. Wrth chwilio gwaith un o honynt, ceir ef yn dweyd mai dim ond dwy ffurf sydd i'r Sain; dywed y nesaf fod iddi chwech ffurf; sylwa y trydydd fod deg math o Gynghanedd Sain; a cheir y pedwerydd yn hòni fod iddi ddeuddeg o ffurfiau, sef:—1, Sain Unodl; 2, Sain Unodl o Gysswllt; 3, Sain Lefn; 4, Sain Groes; 5, Sain Wyrdro; 6, Sain Draws; 7, Sain Bendroch; 8, Sain o Gysswllt; 9, Sain Ddisgynedig; 10, Sain Gudd; 11, Sain Gadwynog; 12, Sain Ddyblyg.

I. Wel, os oes deuddeg ffurf ar y Sain, ac os yw rhai o'r athrawon yn dweyd nad oes ond hanner hyny neu lai, mae yn rhaid fod y rhai hyny yn annghywir; neu o'r tu arall, os nad oes ond dwy neu chwech o ffurfiau iddi, rhaid fod y rhai sydd yn nodi allan ddeuddeg yn eu hollti yn rhy fân o lawer.

A. Diau fod y gwahaniaeth barn hwn yn codi oddiar y tebygolrwydd sydd rhwng amryw o'r ffurfiau â'u gilydd. Mewn gwirionedd, mae yn ofynol cael cymhorth chwydd-wydr i weled y gwahaniaeth, os oes gwananiaeth o gwbl; a'r hyn sydd yn ddigrif yw, fod yr un llinellau yn gwneyd y tro yn enghreifftiau i ddangos pump neu chwech o'r ffurfiau a nodir. Dyma linell er enghraifft:—

"Teneuon lyfnion lafnau."

Fe ddefnyddir hona gan wahanol awdwyr i ddynodi chwech o'r ffurfiau, sef y Sain Unodl, Sain Lefn, Sain Groes, Sain Wyrdro, Sain Bendroch, a'r Sain Gadwynog. Felly, gan ei bod yn gwneyd y tro i ddangos y chwech ffurf a nodwyd, mae yn amlwg eu bod yn debyg iawn i'w gilydd.

I. Wel, er mwyn pobpeth, os gellir eu crynhoi i lai na deuddeg o ffurfiau, gwna hyny, rhag dyrysu fy ymenydd.

A. Mae y chwech a nodwyd mor debyg i'w gilydd fel y gellir yn briodol grynhoi y chwech dan yr enw Sain Rywiog neu Naturiol. Mae y rhai a elwir yn Sain Unodl o Gysswllt, Sain o Gysswllt, a'r Sain Gudd, hefyd yn hollol yr un fath, a daw y tair i mewn dan yr enw Sain o Gysswllt. Mae y Sain Draws a'r Sain Ddisgynedig yn gwahaniaethu ychydig oddiwrth y ffurfiau uchod, ac felly yn adranau eu hunain. Mae i'r Sain Ddyblyg ei ffurf ei hun hefyd, yr hon sydd fwy o gywreinrwydd nag o wasanaeth.

I. Yn awr dyma ryw drefn arni. Dyna y deuddeg wedi eu crynhoi i bump ffurf, sef—1, Y Sain Rywiog; 2, Sain o Gysswllt; 3, Sain Draws; 4, Sain Ddisgynedig; 5, Sain Ddyblyg. Yn awr, dyro ychydig gyfarwyddiadau i lunio y rhai hyn mewn llinellau.

A. Wel, mi geisiaf wneyd hyn mor eglur ag y gallaf, gan ddechreu gyda

Y SAIN RYWIOG.

Wrth wneyd hon, rhaid trefnu geiriau y llinell yn y fath fodd fel ag i gynnwys dwy sain unodl, a diwedd y llinell yn odli yn wahanol; ac y mae yn rhaid i'r ail sain unodl groes gynghaneddu â'r brifodl, neu ddiwedd y llinell. Dyma enghraifft yn y ddwy accen:—

> Uwch yr aig ar y graig gref,
> Trwy ddrych cei edrych adref.

Yn y llinell flaenaf o'r ddwy, y ddwy sain unodl ydynt *aig* a *graig*; y mae y ddwy yn cydodli, fel y gweli. Hefyd, y mae yr olaf o'r ddwy, sef *graig*, yn croes gynghaneddu â *gref*. Yr un fath yn yr ail linell; y mae *ddrych* ac *edrych* yn cydodli, ac y mae *edrych* drachefn yn cynghaneddu yn groes neu rywiog â'r gair *adref*.

I. Aros dipyn yn awr, i 'mi gael deall hon yn iawn. A ydyw y sain unodl i fod yn unsill bob amser, pan fyddo y llinell yn diweddu felly? Dyna fel y mae y llinell flaenaf o'r ddwy a roddaist yn enghraifft.

A. Wel na, nid yw mor gaeth â hyny ychwaith; ond pan fyddo yr ail sain yn lluossill, a'r llinell yn diweddu yn unsill, cofier mai y sill sydd yn blaenori yr ail sain unodl sydd i gynghaneddu â'r brifodl. Dyma enghraifft i egluro hyn:—

> Prynu a gwerthu gwartheg,
> Beunydd ar y tywydd teg.

Mae'r llinell flaenaf o'r ddwy hyn, fel y gweli, yr un fath â'r ail yn yr enghraifft flaenorol, gan fod *prynu* a *gwerthu* yn cydodli; a'r gair *gwerthu* yn cynghaneddu yn rhywiog â'r gair *gwartheg*. Yn yr ail linell, y mae'r geiriau *Beunydd* a *tywydd* yn cydodli; a *tyw* yn y gair *tywydd*, sef y sill sydd yn blaenori yr ail sain unodl, yn croes cynghaneddu â'r gair *teg*, sef y brifodl.

I. Yr wyf yn credu fy mod wedi deall y rheol gyda golwg ar hon etto; ond yr orchest yw cael dwy linell yn ateb eu gilydd yn cynnwys yr unrhyw gynghanedd. Pa fodd bynnag, yr wyf yn credu fy mod wedi llwyddo i w cael, a dyma hwy:—

Gorchudd ei *dwyrudd* dirion
Sydd hardd *bleth* i'r *eneth* hon.

Yn y llinell flaenaf, y mae *gorchudd* a *dwyrudd* yn ffurfio y ddwy sain, gan eu bod yn cydodli; ac y mae y gair sydd yn cynnwys yr olaf o'r ddwy sain unodl, sef *dwyrudd*, yn cynghaneddu yn rhywiog â'r gair *dirion*, yr hwn sydd yn cynnwys y brifodl. Yr un fath yn yr ail linell. Y mae'r gair *pleth* yn ffurfio y sain flaenaf, ac yna y mae *eneth* yn ffurfio yr ail; ac y mae y rhan flaenaf o'r gair *eneth*, sef y sill o flaen yr ail odl, yn cynghaneddu â'r brifodl.

A. Da iawn genyf dy weled yn deall hon mor gyflym. Yn awr, mi roddaf finau ddwy linell i ti i'w dadgymmalu, fel y byddot yn sicr o dy fater. Dangos yn mha le y mae cynghanedd y rhai hyn:—

Tlysau creigiau yw cregyn,
Ar fin y traeth helaeth hyn.

I. Gwnaf, yn enw dyn, yn ddigon hawdd. Yn y llinell flaenaf, y mae'r geiriau *tlysau* a *creigiau* yn cydodli yn ddigon amlwg, gan fod *au* yn diweddu y ddau; ac y mae'r gair *creigiau* drachefn yn cynghaneddu â'r gair *cregyn*, fel hyn:—

Tlysau creigiau—CREIGIAU CREGYN.

Yn yr ail linell y mae'r gair *traeth* yn cydodli â'r gair *helaeth*. Dyna y ddwy sain unodl. Wel, y mae y cymmal blaenaf yn *helaeth*, sef *hel*, yn cynghaneddu â *hyn*, sef y brifodl, fel hyn:—

Ar fin y *traeth* HEL-*aeth* HYN.

A. Mae yn amlwg bellach dy fod yn deall y rheol yn drwyadl gyda golwg ar y ffurf hon. Yn awr, gwna ychydig linellau dy hun yn cynnwys y sain rywiog, er mwyn ymarferiad.

I. Dyna'r man wyf fi yn teimlo yr anhawsdra, yn y cyfansoddi yma; y mae mor anhawdd cael geiriau i ateb eu gilydd. Modd bynag, ar dy gais, mi wnaf gynnyg teg arni yn awr; bydd yn ddystaw dipyn bach. Dyma nhw, myn cregyn:—

Coeth yw'r hyddoeth wr addien,
Heb dwyll, gwir bwyll geir o'i ben.

A. Da 'machgen i, dyna ddwy linell bert iawn; ac y mae rhanau helaeth o honynt yn croes gynghaneddu. Dim ond y gair *coeth* sydd yn rhwystro y flaenaf i gynghaneddu yn groes rywiog, oblegyd y mae "yw'r hyddoeth wr addien" felly. Yn yr ail linell etto, y mae

gwir bwyll geir o'i ben

D

yn cynghaneddu yn groes rywiog, gan fod *gwir* a *geir* yn ateb eu gilydd, yn ogystal â *bwyll* a *ben*.

Y SAIN O GYSSWLLT.

IFOR. Gallwn feddwl fod rhyw gyssylltu i fod wrth drin hon, yn debyg i'r Lusg o Gysswllt a'r Draws o Gysswllt: o ganlyniad, gan fy mod wedi deall y cysswllt yn y rhai hyny, yr wyf yn credu bod mantais genyf i ddeall hon etto. Modd bynag, gad i mi gael clywed pa fath un yw, a pha fodd y mae ei gwneyd.

ARTHUR. Y rheol gyda golwg ar y Sain o Gysswllt yw hyn,—fod un o'r ddwy sain unodl fyddo yn y llinell i gael ei ffurfio trwy gyssylltu diwedd un gair â dechreu y gair dilynol; y cyntaf o'r ddau air a gyssylltir i ddiweddu â llafariad, a'r llall i ddechreu â chydsain; neu ynte, fod y sain i gael ei gwneyd pan fyddo gair yn gorphen â llafariad, a sillgoll ar ei ol yn blaenori cydsain, fel hyn:—

Y bad hardd nofia dan hwyl,
Ar y dòn heno'n anwyl.

Yn y llinell flaenaf o'r rhai hyn, y sain unodl gyntaf yw *bad*; a ffurfir yr ail, sef yr un sydd i odli â *bad*, trwy gyssylltu yr *a* sydd ar ddiwedd *nofia* â'r *d* sydd yn dechreu y gair *dan*, fel hyn:—

Y BAD hardd nofi-A-DAN hwyl.

Yn yr ail linell, y mae y gair *heno*, trwy gynnorthwy yr *n* sydd yn ei ganlyn, yn ffurfio y seiniau *henon* i ateb y sain *don* o ran odl, ac y mae *heno* yn croes gynghaneddu â'r gair anwyl.

I. Dyma hi, bellach; y mae y gynghanedd hon mor anhawdd ag Euclid i'w dysgu, am fod cymmaint o droi a thrafod arni. Aros yn awr, i mi gael gweled. Dywedi fod un o'r ddwy sain unodl i gael ei gwneyd trwy gyssylltu diwedd un gair â dechreu y llall. Yn awr yr wyf am gael gwybod a oes gwahaniaeth pa un o'r ddwy a gaiff ei gwneyd felly?

A. Na, nid yw un gwahaniaeth pa un o'r ddwy a ffurfir trwy y cysswllt. Dyma ddwy linell, â'r sain unodl flaenaf yn cael ei gwneyd trwy gysswllt yn y gyntaf, a'r ail sain yn cael ei ffurfio felly yn yr ail linell:—

Adeiladu'R MUR y maent.
NatUR yn canU RHwng coed.

Yn y llinell flaenaf, trwy assio yr *r* â'r gair *adeiladu*, ffurfia y rhan olaf o'r gair y sain *dur*, i ateb *mur* o ran odl; ac y mae *mur* drachefn yn cynghaneddu â *maent*, sef y brifodl. Yn yr ail linell, diwedd y gair *Natur* sydd yn ffurfio y sain odlog gyntaf, a gwneir un i'w hateb trwy gyssylltu diwedd y gair *canu* â'r *r* yn y gair *rhwng*, fel pe dywedid *canur*; ac y mae *can* yn y gair *canu* yn croes gynghaneddu â'r gair olaf, sef *coed*.

I. Wel, yr wyf yn credu fy mod yn ei gweled bellach, ac y mae genyf ddwy linell wedi eu gosod at eu gilydd yn cynnwys y gynghanedd yma, a dyma hwy:—

  Gyda'i *gâr* y rhwyfa Rhys,
  Am *aur*, hyd ranau'r ynys.

Yn awr am eu hegluro. Dim ond cyssylltu yr *a* sydd yn gorphen y gair *rhwyfa* â'r *R* sydd yn dechreu *Rhys*, swnia yn *rhwyfar*; neu mewn geiriau ereill, cynnyrchir y sain *ar* i ateb *gâr* o ran odl; ac y mae *rhwyf* yn ateb *Rhys* o ran cynghanedd. Wel, yn yr ail linell, os gadewir allan y sillgoll sydd yn canlyn y gair *ranau*, a chyssylltu yr *r* ddilynol â'r gair, bydd fel hyn— *rhanaur*, ac felly bydd y rhan olaf yn odli ag *aur*; a dim ond uno yr *r* â'r gair *ynys*, ceir y ddau olaf yn croes gynghaneddu, fel hyn:—

  ranau—rynys.

A. Ymddengys i mi dy fod wedi amgyffred y rheol a lywodraetha hon etto; os nad wyt, dos drosti yn fanwl a phwyllog, nes y byddot yn hollol sicr o honi.

Y SAIN DRAWS.

IFOR. A oes rhyw berthynas rhwng hon a'r Gynghanedd Draws?

ARTHUR. Y mae rhyw debygrwydd yn eu ffurfiad, fel y cawn weled yn fuan. Ti wyddost beth sydd i'w ddeall wrth yr enw *Cynghanedd Draws*, sef myned dros ran o linell er mwyn cydio y ddau ben â'u gilydd: rhywbeth tebyg i hyn yw y *Sain Draws*. Ffurfir hi mewn llinell trwy osod y ddwy sain unodl i ateb eu gilydd yn yr un dull â'r *Sain Rywiog*, ond bod sill neu ychwaneg rhwng yr ail sain unodl a'r gair fydd yn cynghaneddu â hi ar ddiwedd y llinell, a llamir dros y sill neu y sillau fydd rhyngddynt er cyrchu cynghanedd, fel hyn:—

  Dyddan yw can (yn mhob) cell,
  Mewn tŷ, gwesty, (neu) gastell.

Y geiriau cydodlog yn y llinell flaenaf, fel y gweli, yw *dyddan* a *cân*; ac y mae *cân* yn cynghaneddu â *cell*, a llamir dros (yn mhob) er cael y gynghanedd. Yn yr ail linell *ty* a *gwesty* sy'n cydodli, ac y mae *gwesty* a *gastell* yn croes gynghaneddu, ond rhaid myned dros y gair (neu) cyn eu cael at eu gilydd.

I. Yr wyf yn credu fy mod yn dechreu deall hon eisoes.

Y mae y ddwy sain sydd yn cydodli i fod yn y rhan flaenaf o'r llinell, debygwyf; hyny yw, y mae'n rhaid cael y ddwy cyn dyfod at y rhan sydd i gael ei throsi: ac os nad wyf yn camsynied, y mae genyf ddwy linell yn barod yn cynnwys hon etto, sef—

   Heb ar*os*, d*os* (ar dy) daith,
   Cyn d*êl* o*erfel* (nos) h*irfaith*.

Yn awr gad i mi gael chware teg i egluro cynghaneddion y llinellau hyn. Mae yn ddigon amlwg fod y geiriau *aros* a *dos* yn ffurfio y ddwy sain sy'n cydodli yn y llinell flaenaf. Yna llamir dros y ddau air rhwng cromfachau, er cael *dos* a *daith* i daro yn erbyn eu gilydd nes ffurfio cynghanedd. Yn yr ail linell y mae *dêl* ac *oerfel* yn cydodli; ac y mae *oerfel* yn cynghaneddu â *hirfaith*, a'r gair (nos) i gael ei drosi, neu gamu drosto.

A. Yr wyt yn hollol gywir, ac yr wyf yn falch dy weled yn dod yn mlaen gystal. Yn awr, mi a roddaf ddwy linell yn cynnwys y gynghanedd hon, a chei dithau chwilio allan etto yn mha le y mae: ni wnaf ond yn unig gosod llythyrenau italaidd, a chromfachau i dy gynnorthwyo. Dyma hwy:—

   Cewch *faeth* llun*iaeth* (i'ch) *lloni*,
   A'r *bardd* hoff *chwardd* (gyda) *chwi*.

I. Nid oes dim eisieu amser hir arnaf i chwilio am gynghanedd y rhai hyn, oblegyd mi a'i gwelaf ar unwaith, a dyma hi:— Dyna FAETH a llun*IAETH* yn cydodli, a *lluniaeth* a *lloni* yn croes gynghaneddu yn y llinell flaenaf; ac yn yr ail, dyna *bardd* a *chwardd* yn cydodli, a *chwardd* a *chwi* yn croes gynghaneddu; a'r hyn sydd rhwng cromfachau i gael llamu drostynt, wrth gwrs.

Y SAIN DDISGYNEDIG.

ARTHUR. Yn awr dal sylw ar natur a dull ffurfiad hon etto. Mae rhywbeth yn debyg ynddi i'r Draws Ddisgynedig, neu y Lusg Wyrdro; hyny yw, y mae yr ail sain unodl sydd yn perthyn i hon i fod yn unsill, ac i ateb o ran cynghanedd i ran flaenaf y gair olaf yn y llinell, yr hwn sydd i fod yn ddausill, fel hyn:—

   Pren a'i ffrwyth yn llwyth llethol.

Ti weli fod *ffrwyth* a *llwyth* yn cydodli yn y llinell hon, ac y mae *llwyth*, sef yr ail sain unodl, yn disgyn yn broestiol ar *lleth* yn y gair *llethol*.

IFOR. Aros, yn awr, i mi gael gweled cymmalau y llinell hona yn ddigon eglur. Dyna yr ail sain yn unsill, a'r gair olaf yn ddaüsill, sill blaenaf yr hwn sydd yn cynnwys yr unrhyw gydseiniaid â gair yr ail sain, ond bod y llafariaid yn gwahaniaethu. Yn awr yr wyf yn credu fy mod yn ei deall: beth am y llinell hon:—

Dod o'r ffair mae Mair Meirion.

Dyna *ffair* a *Mair* yn cydodli, a *Mair* yn ateb *Meir* yn *Meirion*. Dyma linell etto yr un fath:—

Llosgi cawn a mawn mynydd.

Mae *cawn* a *mawn* yn ateb eu gilydd o ran odl, ac y mae *mawn* yn ateb *myn* yn y gair *my*nydd, o ran cynghanedd.

A. Wel yr wyt wedi cael hwyl arni gyda'r gynghanedd hon,—mae dy ddwy linell a dy eglurhad yn hollol gywir. Yn awr, gan fod y ddwy sain unodl yn unsill yn yr enghreifftiau blaenorol, dyma linell â'r gair sydd yn cynnwys y flaenaf yn ddaüsill; ond cofia, fel y dywedwyd eisoes, fod yn rhaid i'r ail fod yn unsill:—

Hardd *goryn* y *bryn* brwynog.

Dyna *goryn* a *bryn* yn cydodli, a *b r n* yn *bryn* yn ateb *b r n* yn *brwyn*-og.

Y SAIN DDYBLYG.

Ifor. Bydd gystal ag egluro ychydig ar natur hon etto, oblegyd yr wyf yn awyddus am waith yn awr, wedi bod mor llwyddiannus gyda'r un Ddisgynedig.

Arthur. Mae'r ffurf hon ar y Sain yn fwy o gywreinrwydd nag o ddefnyddioldeb, ac wedi myned allan o arferiad yn agos. Pan fydd llinell yn cynnwys hon yn diweddu yn unsill, mae geiriau y llinell yn unsill i gyd,—y tri gair cyntaf yn cydodli, a'r gair olaf o'r tri yn cynghaneddu â'r pedwerydd; a'r pedwerydd drachefn yn cydodli â'r pumed a'r chwechfed, a'r chwechfed yn cynghaneddu â'r seithfed, fel hyn:—

Tarth, parth, carth, cwch, swch, llwch, llong.

Mae yn ddyblyg am fod y pedwar gair blaenaf, neu y pedwar gair olaf yn cynnwys cynghanedd sain ynddynt eu hunain, fel hyn:—

Tarth, parth, carth, cwch,
Cwch, swch, llwch, llong.

Ti weli fod y tri gair blaenaf yn cydodli, a'r ddau air olaf yn croes gynghaneddu yn y naill a'r llall o'r rhanau hyn.

I. Gwelaf, ond nid wyf yn gweled ffordd yn y byd i lunio llinell gyffelyb. Dywedaist, wrth ddechreu sylwi ar hon, fod y llinell i fod yn unsillol i gyd os bydd yn gorphen felly; yn awr yr wyf am gael gwybod a ydyw y sain ddyblyg yma yn gorphen yn lluossill?

A. Ydyw; a phan fyddo felly, y mae y tri gair blaenaf yn y llinell yn unsillol,—y ddau flaenaf yn cydodli, a'r ail yn cynghaneddu â'r trydydd; a'r pedwerydd air yn ddausill, yn cydodli â'r trydydd, ac yn croes gynghaneddu â'r gair olaf yn y llinell, yr hwn sydd yn lluossill hefyd. Fel hyn:—

<blockquote>Ffrangc, llangc llon, gwron garwyd.</blockquote>

Dyna y ddau air blaenaf yn cydodli, a'r ail a'r trydydd yn cynghaneddu; y trydydd a'r pedwerydd drachefn yn cydodli, a'r pedwerydd yn cynghaneddu â'r pumed.

I. Pa fodd y mae y llinell hona yn cynghaneddu yn ddyblyg? Nid wyf yn gweled digon o eiriau ynddi i gael y pedwar blaenaf a'r pedwar olaf i ateb eu gilydd, fel yn yr enghraifft o'r blaen.

A. Nac oes, mae'n wir; etto mae y *rhan* flaenaf a'r *rhan* olaf yn ateb fel yr un flaenorol yn union; ond ni cheir ond tri gair i'w gosod at eu gilydd yn hon, fel hyn:—

<blockquote>Ffrangc, llangc llon,
Llon, gwron garwyd.</blockquote>

Mae y naill a'r llall o'r rhanau hyn yn cynnwys y Sain ynddi ei hun, ond bod yn rhaid cael diwedd y flaenaf i ddechreu yr ail. Fel y dywedwyd yn barod, mae mwy o gywreinrwydd nâ budd yn y ffurf hon; felly nid wyf yn barnu y byddai yn ddoeth treulio ychwaneg o amser gyda hi. O ganlyniad, ni a adawwn *Y Gynghanedd Sain* yn bresenol ar hynyna.

Y GYNGHANEDD GROES.

ARTHUR. Tri math o Gynghanedd Groes sydd, sef y GROES RYWIOG, CROES O GYSSWLLT, a'r GROES DDISGYNEDIG; ond bod y ddwy olaf yn rhanu drachefn yn amryw fân gangenau. Mae'r Groes o Gysswllt yn rhanu yn bump cangen, sef—1. *Croes o Hanner Cysswllt;* 2. *Croes o Gysswllt Cyfan;* 3. *Croes o Gysswllt Dyblyg;* 4. *Croes o Gysswllt Disgynedig;* 5. *Croes o Gysswllt Ewinog.* Mae y Groes Ddisgynedig hefyd yn ddwy gangen, sef *unplyg* a *dyblyg.* Yn awr, tuag at gario allan y rheol y dechreuasom wrthi, sef trin y cynghaneddion hawddaf yn nghyntaf, ni a ddechreuwn yn awr gyda

Y GROES DDISGYNEDIG.

IFOR. O ie, gad i mi gael y rhai hawddaf yn nghyntaf, beth bynag; a chan dy fod yn barnu yr un ddisgynedig yr hawddaf i'w gwneyd o'r rhai croesion, gad i mi gael gwybod beth yw **Nod Angen**

Y GROES DDISGYNEDIG UNPLYG.

ARTHUR. Mae'r llinellau sy'n cynnwys y ffurf hon o Groes yn diweddu i gyd yn lluossill; felly nis gellir ei gosod mewn dwy linell o gywydd, fel yn yr enghreifftiau blaenorol yn y Gynghanedd Sain. Mae yr ansoddair *disgynedig*, ynddo ei hun, yn hysbyseg fod y brifodl yn lluossill. Yn awr, wrth ffurfio y Groes Ddisgynedig, rhaid trefnu y geiriau yn y fath fodd fel ag i gael yr orphwysfa, neu ganol y llinell, yn *unsill*, a'r unsill hwnw yn ateb o ran cydseiniaid i sill olaf ond un y llinell; tra y mae y gydsain neu y cydseiniaid fydd yn blaenori yr orphwysfa i ateb y rhai sydd rhwng yr orphwysfa a'r sill olaf ond un, fel hyn:—

Eira mân ar y mynydd.

Yn awr dal sylw ar drefniad llythyrenol y llinell hon, a gweli ar unwaith pa fodd y mae gwneyd y ffurf yma ar y Groes. Yr orphwysfa yw y gair *mân*, a'r sill sydd yn atebol iddo yw *myn* yn y gair *mynydd*; ac y mae *eira*, o flaen y gair *mân*, yn ateb *ar y* rhwng *mân* a *myn*, fel y mae'r llinell yn croes gynghaneddu i gyd ond y sill olaf.

I. Mi gwelaf hi yn awr. Mae yn rhaid i ran flaenaf y llinell fod yn ateb yn gyflawn i'r rhan olaf o ran cynghanedd, oddieithr y sill olaf; hyny yw, y mae yn rhaid i'r tri sill blaenaf gynghaneddu â'r ail dri sill, a'r sill olaf i'w adael fel yn ddisylw. Fel hyn, onide?—

Y gwr doeth a gâr deithio.

Dyna y cydseiniaid *g r d th* yn ateb eu gilydd yn nau ben y llinell, ac y mae y llafariaid yn gwahaniaethu.

A. Dyna hi yn eithaf cywir. A garet ti gael ychwaneg o eglurhad ar hon cyn myned yn mlaen at ffurf arall?

I. Wel, y mae un peth etto yr hoffwn ei ddeall yn perthyn i hon; hyny yw, os bydd yr orphwysfa, fel ei gelwir, yn gorphen â llafariad, pa fodd y mae gwneyd i gael y gynghanedd yna yn gywir?

A. Fel hyn: Os bydd yr orphwysfa yn diweddu â llafariad, rhaid i'r sill olaf ond un ddiweddu felly hefyd; dyma enghraifft i ti:—

Siriol yw Sarah Lewis.

Edrych; dyna *s r l* yn ateb eu gilydd yn nau ben y llinell: neu yn fwy eglur feallai, fel hyn:—

Siriol yw (yn ateb) *Sarah Lew*,

a'r sill olaf *is* heb ddim yn ei hateb.

I. Dyma fy nyben i yn gofyn am yr eglurhad hwn yn fwyaf neillduol:—Yr wyf wedi gwneyd dwy linell, y naill o honynt â'r orphwysfa yn gydseiniol, a'r llall yn llafarol, ac yr oeddwn yn ofni bod yr olaf yn annghywir; ond yn awr mi welaf fy mod yn iawn. Dyma y ddwy linell:—

> Minau af i mewn hefyd.
> Ac i'r De ceir ei duedd.

Y gair *af* wrth gwrs yw yr orphwysfa yn y flaenaf o'r ddwy, ac y mae yn ateb *hef* yn y gair *hefyd*; ac y mae *m n* yn y gair *minau* i ateb yr *m n* sydd yn y gair *mewn*. Yn yr ail linell, y mae *c r d* yn ateb eu gilydd yn y ddau ben; a chan mai De yw yr orphwysfa, dyna *du* yn ei ateb yn y gair *duedd*.

A. Mi allwn feddwl fod hynyna yn ddigon ar y ffurf unplyg yma; o ganlyniad, ni awn yn mlaen yn awr i egluro ychydig ar

Y GROES O DDWBL DDISGYNEDIG.

IFOR. Beth sydd i'w ddeall wrth y Dwbl Ddisgynedig yma? A ydyw rhan *flaenaf* y llinell â'r rhan *olaf* o honi i gynnwys y ffurf unplyg?

ARTHUR. O na, nid felly; yr holl wahaniaeth sydd rhwng hon a'r un flaenorol yw, bod yr orphwysfa yn diweddu yn yr un ddyblyg gyda dwy gydsain; a'r sill olaf ond un yn diweddu gyda dwy gydsain o'r un natur idd eu hateb, fel hyn:—

> Y gwir fardd o Gaerfyrddin.

I. Cymmer bwyll yn awr, i mi gael deall hyn yn drwyadl. Y mae yr orphwysfa yn unsill yn hon fel yn y Groes Ddisgynedig Unplyg, ond bod dwy gydsain yn eu diweddu. Hefyd, y mae y llinell yn gorphen yn ddeusill, fel yr unplyg, ond bod dwy gydsain o'r un rhyw â'r rhai sydd yn diweddu yr orphwysfa i ddiweddu y sill flaenaf o'r gair olaf; ac y mae y cydseiniaid ereill yn nau ben y llinell i gyd-ateb. Yn wir, rhaid bod yn bur ofalus gyda hon, onide fe eir dros y cledrau bendramwnwgl. Etto yr wyf yn credu fod genyf linell gywir yn hon, a dyma hi:—

> Y dyn hardd o dan urddau.

Dyna *d n r dd* yn ateb *d n r dd* yn nau ben y llinell. Neu gellir gweled y gynghanedd feallai yn well fel hyn:—

> Y dyn *hardd*
> O dan *urdd*-au.

A. Da iawn, yn wir; yr wyt yn haeddu canmoliaeth am dy graffder a'th ymdrech. Dyma linell etto yn cynnwys y gynghanedd hon:—

Ffrwythau gardd y ffraeth gerddor.

A elli di ddangos y gynghanedd yn y llinell hon?

I. Gallaf, yn eithaf da, yn enwedig yn awr, ar ol cael canmoliaeth. Yn gyntaf, mi a ranaf y llinell yn ddwy, fel hyn:—

Ffrwythau *gardd*
Y ffraeth *gerdd*-or.

Yn awr, wrth chwilio allan y cydseiniaid, fe geir *ff r th g r dd* yn y rhan flaenaf, ac *ff r th g r dd* yn eu hateb yn y rhan olaf, a hyny yn yr un drefn. Wel, y mae y llafariaid sydd rhwng y cydseiniaid hyn yn gwahaniaethu yn y ddau ben, yr hyn sydd yn eu gwneyd i gynghaneddu â'u gilydd. Hefyd, y mae dwy gydsain yn nesaf i'w gilydd yn niwedd y gair ga*rdd*, sef yr orphwysfa; ac y mae dwy o'r un rhyw yn diweddu y sill flaenaf yn y gair olaf—ge*rdd*or.

A. Da rhagorol; yr wyt yn gywir bob cynnyg yn awr: ond cofia nad yw y llinell yn iawn wrth ei gadael fel hyn—

Ffrwythau gardd y ffraeth gerdd,

er fod y cydseiniaid yn ateb eu gilydd yn y ddau ben, am fod yr orphwysfa a'r brifodl yn diweddu yr un fath; dyna y bai a elwir *proest i'r awdl*: ond y mae y sill olaf, *or*, yn achub y llinell rhag y bai hwn.

Y GROES O GYSSWLLT.

IFOR. Yr wyt wedi dweyd yn flaenorol fod i'r Groes o Gysswllt bump cangen; ac yn ol y drefn yr enwwyd hwy genyt y pryd hwnw, yr ydym i ddechreu ar y gangen a elwir

CROES O HANNER CYSSWLLT.

ARTHUR. O'r goreu, ni a ddechreuwn gyda yr Hanner Cysswllt ynte. A wyddost ti beth sydd i'w ddeall wrth y geiriad "hanner cysswllt"?

IFOR. Wel na wn i, os nad rhywbeth wedi ei hanner assio wrth ei gilydd yw; a chynghanedd bur ddi-afael yw un felly, onide?

A. Na, na, nid peth wedi hanner ei gyssylltu sydd i'w ddeall wrth y geiriad, ond bod cysswllt y llinell yn cymmeryd lle yn nghanol, neu yn hanner cydsain.

I. Yn awr am dani, ynte; eglura beth yw ei natur, a pha fodd y mae ei gwneyd, oblegyd yr wyf mewn hwyl at waith yn awr.

A. Yn awr, ynte, craffa ar y rheol:—Tuag at wneyd hon, rhaid i ddiwedd yr orphwysfa fod yn gydseiniol; etto cofia, nid pob cydsain wna y tro ychwaith, ond rhaid cael *c, p*, neu *t*; a rhaid i'r gydsain flaenaf yn y llinell fod yn *g, b*, neu *d*; ac y mae sain y cydseiniaid celyd i gael ei hollti yn ddau, a'r cyswllt i gymmeryd lle yn yr hanner, ar ddiwedd yr orphwysfa. Dyna ystyr Hanner Cysswllt; hyny yw, y mae hanner cydsain orphenol yr orphwysfa yn perthyn i ran flaenaf y llinell, a'r hanner arall yn perthyn i'r rhan olaf o honi, fel hyn :—

   Diliau i sain*t* o lys Ion,
   Dyna lesian*t* i'w loesion.

Mae y *t* yn y gair *saint*, a'r *t* yn y gair *lesiant*, y naill a'r llall o honynt i gael eu hollti yn ddau o ran sain, er ffurfio dau *d*, i ateb o ran sain i'r *d* sydd yn dechreu y llinell.

 I. Wel yn wir, nid wyf fi nemawr callach o'r eglurhad hwn; y mae yn rhy gwmpasog i mi ei ddeall heb gael ail gynnyg arni.

 A. Beth pe bawn yn dweyd fel hyn, ynte?—Fod y llinell sy'n cynnwys yr hanner cysswllt yma i ddechreu â chydsain feddal, sef *g, b*, neu *d*; a bod yr orphwysfa i ddiweddu ag *c, p*, neu *t*; a bod y rhan sydd o'r orphwysfa i'r brifodl i gynnwys yr un fath gydseiniaid â'r rhai sydd rhwng y gydsain feddal ddechreuol a'r orphwysfa. Wrth wneyd hyn, rhaid hollti sain cydsain olaf yr orphwysfa i gael un hanner i ddiweddu rhan flaenaf y llinell, a'r hanner arall i gychwyn neu ddechreu yr ail ran, fel hyn :—

   Gwena y llango yn y lle,
   Gwir hoywlango o rywle.

Yn awr, dim ond hollti yr *c* sydd yn nghanol y llinellau hyn, i wneyd dwy sain *g* o honynt, fe geir y cydseiniaid yn y rhan flaenaf a'r rhan olaf o'r llinellau i ateb eu gilydd, fel hyn :—

   G n ll—g-g n ll
   G r l—g-g r l.

 I. Yn wir, lled niwlog yw hi etto, ond y mae rhywfaint yn oleuach nag oedd o'r blaen. Mor bell ag wyf fi yn ei deall, y mae y gydsain galed sydd ar ddiwedd yr orphwysfa i gael ei seinio braidd yn ddyblyg, unwaith i ddiweddu rhan flaenaf y llinell, ac yna i ddechreu yr ail ran, ond nad yw i gael ei sain yn llawn. Yr wyf yn credu fy mod wedi cael gafael arni yn awr. Dyma hi, onide?—

   Dyna y plan*t* yn eu plith,
   Dan geunan*t* yn y gwenith.

Neu fel hyn, os myni :—

   Dyna y plan*d*-*d*-yn eu plith,
   Dan geunan*d*-*d*-yn y gwenith.

A. Ie, dyna hi; yn dy linell flaenaf y mae *D n p l* yn y rhan gyntaf; a dim ond cymmeryd hanner grym y *t* sydd yn y gair *plant* i ddechreu y rhan olaf, fe geir *d n p l* yno hefyd.

I. Beth am yr *n* sydd o flaen y *t* yn y gair *plant?* Nid oes dim *n* yn ei hateb yn y gair *plith*.

A. Da genyf dy fod wedi tynu fy sylw at hyn, oblegyd y mae yn bwysig, ac wedi peri dyryswch i efrydwyr ieuaingc lawer gwaith. Dyma y rheol gyda golwg ar hyn: Os bydd yr orphwysfa neu y brifodl yn gorphen gyda dwy gydsain, y mae y blaenaf o'r ddwy yn colli ei grym, ac felly nid oes angen cael un i'w hateb. Y mae hyn yn rheol bob amser gyda golwg ar yr orphwysfa a'r brifodl yn y gynghanedd hon, fel mewn amryw o'r lleill.

Y GROES O GYSSWLLT CYFAN.

IFOR. A fyddi di gystal ag egluro pa fath gynghanedd yw y Groes o Gysswllt Cyfan yma, yn nghyd â pha fodd y mae ei gwneyd?

ARTHUR. Gwnaf, gyda pharodrwydd; a dal dithau sylw manwl ar yr hyn a ddywedir. Tuag at ffurfio llinell yn cynnwys y gynghanedd hon, rhaid yw trefnu y geiriau a'r cydseiniaid yn y fath fodd fel ag i gael y rhan flaenaf a'r rhan olaf i gynghaneddu â'u gilydd, trwy gyssylltu cydsain olaf yr orphwysfa â dechreu y rhan olaf o'r llinell; ac y mae yn rhaid i hono fod o'r un natur â chydsain flaenaf y llinell. Neu, mewn geiriau ereill, y mae y gydsain flaenaf yn y llinell, a'r gydsain sydd yn gorphen yr orphwysfa, i fod yr un fath; ac y mae sain y gydsain sydd ar ddiwedd yr orphwysfa i'w defnyddio ddwywaith megys, sef i orphen rhan flaenaf y llinell, ac i ddechreu y rhan olaf, fel hyn:—

Aeth y gwenith o Ganaan,
Dros y byd eres a ban.

Yn awr, os cyssylltir yr *th* sydd yn diweddu y gair *gwenith* ag ail ran y llinell flaenaf, neu gymmeryd yn ganiataol y gellir ei defnyddio i orphen y rhan flaenaf, ac i ddechreu yr ail ran, gellir ffurfio dwy linell fêr o honi, yn cynghaneddu â'u gilydd, fel hyn:—

Aeth y gwenith
Th-o Ganaan.

A'r ail linell yr un fath, fel hyn:—

Dros y byd
d-eres a ban.

Neu ynte, a rhanu y cydseiniaid, fel hyn:—

   Th g n - th g n.
   D r s b - d r s b.

I. Yr wyf yn meddwl fod hon yn llawer hawddach nâ'r un Hanner Cysswllt i'w deall; ac yn wir, yr wyf yn gweled rhywbeth yn bert iawn ynddi. Dyma ddwy linell o'r un natur â'r rhai sydd genyt tithau:—

   A lawn gynnal hen gynnen
   A dyn y byd yn ei ben.

Neu, a'u tori i fyny i wneyd llinellau bychain o honynt, gellir eu gosod fel hyn:—

   — lawn gynnal
   — l-hen gynnen,
   — dyn y byd
   — d-yn ei ben.

A. Ië, mor bell ag y mae a fyno dy linellau â'r cysswllt; ond y mae *gynnal* a *gynnen* yn dy linell flaenaf yn *rhy debyg* o ran seiniau.

I. Wel yn ngholl y bo nhw; yr oeddwn i yn meddwl yn dda am y llinellau hyn, am fy mod yn hoffi y syniad sydd ynddynt. Ond na hidia, tafler hwy o'r neilldu, mi fynaf wneyd rhai cywir yn awr; beth am y rhai hyn?—

   O dan y coed yn y cwm,
   Y dyryswyd ei reswm.

Dyna *d* yn gydsain gyntaf yn y llinell flaenaf, a dyna *d* yn niwedd yr orphwysfa; ac y mae yr holl gydseiniaid ereill yn ateb eu gilydd yn nau ben y llinell, fel hyn:—

   d n c — d n c.

Wel gad i mi ddadgymmalu yr ail linell etto, i gael gweled pa fodd yr edrych hono. Yn gyntaf, mi a dynaf allan y llafariaid i gyd, yn nghyd â'r gydsain olaf yn y llinell, ac yna bydd fel hyn:—

   — d r s — d r s.

Yn awr, dim ond cyssylltu y *d* sy'n gorphen y gair *dyryswyd* â'r rhan olaf, bydd fel hyn:—

   Y dyryswy — d ei reswm.

A. Dyna ti wedi meistroli y ffurf hon etto, fel nad oes eisieu ychwanegu.

Y GROES O DDWBL GYSSWLLT.

ARTHUR. Mae y llinell neu y llinellau sydd yn cynnwys y gynghanedd hon yn gorphen yn lluossill, ac felly nis gellir ei chael ddwywaith mewn pennill o gywydd. Y ffordd i'w gwneyd sydd fel y canlyn:—Yn y lle cyntaf, rhaid trefnu y cydseiniaid yn y fath fodd fel ag i gael dwy yn nesaf i'w gilydd ar ddechreu y llinell, a dwy o'r un natur yn gorphen y rhan flaenaf, sef yr orphwysfa; ac y mae gair yr orphwysfa i fod yn ddausill, fel gair y brifodl, ac y mae y ddau i gynghaneddu yn groes â'u gilydd. Ffurfir y cysswllt trwy ddefnyddio dwy gydsain olaf yr orphwysfa i ddechreu ail ran y llinell, fel hyn:—

Draw, â'r erydr yr arant.

Yn y llinell hon, ti weli fod *Dr* yn y dechreu, a *dr* yn gorphen y gair *erydr*, sef yr orphwysfa; ac y mae *erydr* yn cynghaneddu â'r gair *arant* ar ddiwedd y llinell. Neu os rhenir y llinell fel hyn—

Draw â'r ery - dr yr arant,

fe geir y cydseiniaid *d r r r* yn ateb eu gilydd yn y ddau ben.

IFOR. Myn corn gafr, yr wyf wedi gweled dirgelwch hon etto, ond y mae yn anhawdd dros ben cael llinell bwrpasol yn ei chynnwys. Pa fodd bynag, dyma hi fel y mae:—

Grym ei gyflegr a mwg aflan.

Yn awr, os cyssylltir yr *gr* sydd yn diweddu y gair *gyflegr* â rhan olaf y llinell, ac os tynir y llafariaid allan o honi, bydd y cydseiniaid yn y rhan flaenaf a'r rhan olaf yn ateb eu gilydd, fel hyn:—

G r m g f l — g r m g f l.

O ganlyniad, y mae yn rhaid ei bod yn gywir, ac y mae yna ddigon o gydseiniaid yn clecian â'u gilydd i unrhyw bwrpas.

A. Mewn gwirionedd, yr wyt wedi bod yn ffodus annghyffredin yn dy linell. Ond rhag ofn mai yn ddamweiniol y ffurfiaist hi, gwna gynnyg etto, i gael bod yn sicr o honi.

I. Na, nid mor hawdd gwneyd llinell gywir yn y gynghanedd hon ar ddamwain. Ond er mwyn dy argyhoeddi fy mod wedi ei deall, dyma ddwy linell etto yn ei chynnwys:—

Claer yw y pinacl aur penaf.
Drws ein pelydr sy'n pylu.

Yn y llinell flaenaf o'r ddwy, dyna *cl* yn dechreu, ac *cl* yn gorphen y gair pinacl; a ffurfir y cysswllt trwy assio yr *cl* sydd yn *pinacl* wrth ran olaf y llinell, fel hyn:—

Claer yw y pina-*cl* aur penaf.

Yn yr ail linell, y mae *Dr* yn dechreu, a *dr* yn gorphen y gair *pelydr*; felly y mae dechreu y llinell a diwedd yr orphwysfa yr un fath; ac y mae y cydseiniaid *s n p l* yn ateb eu gilydd yn y rhan flaenaf a'r rhan olaf o'r llinell, yn annibynol ar y ddau *dr*, ac y mae *pelydr* a *pylu* yn croes gynghaneddu.

A. Da iawn; y mae dy linellau yn gywir, ac wedi eu hegluro yn ddigon manwl i brofi dy fod wedi deall y ffurf hon etto.

Y GROES O GYSSWLLT DDISGYNEDIG.

IFOR. Ai nid yw y gynghanedd hon wedi bod dan sylw o'r blaen genym, sef y Groes Ddisgynedig yma?

ARTHUR. Mae'n wir fod y Groes Ddisgynedig wedi bod dan ein sylw, yn ei ffurf unigol a dyblyg; eithr y mae ychydig o wahaniaeth rhwng hono a'r Groes o *Gysswllt* Ddisgynedig, ond nid yw y Gramadegau yn gyffredin yn egluro hyn.

I. Yr wyf yn meddwl mai y peth goreu yn awr, ynte, fydd cael ychydig o eglurhad genyt ar natur a ffurf yr un Gysswllt Ddisgynedig, i mi gael dysgu hono etto.

A. Mae hon i gael ei ffurfio trwy drefnu y geiriau yn y fath fodd fel ag i gael y gydsain flaenaf yn y llinell o'r un natur â'r gydsain sydd yn gorphen yr orphwysfa, yr hon sydd i fod yn unsill; ac y mae'r orphwysfa drachefn i groes gynghaneddu â'r sill olaf ond un yn y llinell, yr hon sydd i ddiweddu yn lluosaill. Dyma enghraifft:—

Dawn y byd yn y Bader.

I. Mi welaf fod *D* yn dechreu y llinell hona, a *d* yn gorphen y rhan ganol o honi; a bod y gair *byd* yn ateb y sill *bad* yn y gair *bader*; etto nid wyf yn gweled y *cysswllt* y soni am dano. Yn mha le y mae hwnw, tybed?

A. O ïe, mi annghofiais egluro'r cysswllt i ti yn y llinell uchod, felly mi wnaf yn awr. Mae'r cysswllt i gael ei ffurfio trwy wneyd math o ddefnydd dyblyg o'r gydsain sy'n gorphen yr orphwysfa, sef i ddiweddu rhan flaenaf y llinell, ac i ddechreu y rhan olaf o honi, fel hyn:—

Nôd y dyn ydyw denu.

Yn y llinell hon, ti weli fod *N* yn dechreu y gair *Nôd*, ac *n* drachefn yn gorphen y gair *dyn*; a chan mai y gair *dyn* yw yr orphwysfa, rhan flaenaf y llinell yw—

Nôd y dyn.

Wel, trwy gyssylltu yr *n* yn y gair *dyn* â rhan olaf y llinell, sef ei defnyddio i ddechreu y rhan hono, y mae i'w seinio fel pe dywedid—

nydyw den-u,

i ateb "Nod y dyn;" ac y mae yr *u* sy'n ffurfio y sill olaf i fod heb ddim yn ei hateb.

I. O mi gwelaf hi yn awr; ac yr wyf wedi gwneyd llinell ynddi hefyd tra y buost ti yn egluro hona, a dyma hi:—

Dyn a roed yn y rhwydau.

Gellir dangos hon yn well, feallai, trwy osod y rhan flaenaf a'r rhan olaf y naill dan y llall, fel hyn:—

Dyn a roed
d Yn y rhwyd-au,

Gan ddefnyddio y *d* sy'n gorphen y rhan flaenaf i ddechreu y rhan olaf, a gadael y sill olaf yn y llinell heb ddim i'w hateb; ac felly fe geir y cydseiniaid yn y ddwy ran i ateb eu gilydd, fel hyn:—

D n r d — d n r d.

A. Da iawn. Dyna linell gywir, ac eglurhad cywir hefyd, yr hyn a brawf dy fod wedi deall dy wers, fel nad oes achos ymhelaethu.

Y GROES O GYSSWLLT EWINOG.

IFOR. Wel, yr wyf yn cofio beth sydd i'w ddeall wrth y gair *ewinog*, oddiar pan fuom yn sylwi ar y Draws Ewinog. Hyny yw, bod dwy gydsain feddal o'r un rhyw yn ymgyssylltu â'u gilydd, er bod yn gyfartal o ran sain i un galed, sef dwy *g* yn ateb *c*, &c.; neu fod cydsain feddal yn cael help gan *h* er ei gwneyd yn gyfartal i gydsain galed, sef *b*, â *h* yn help iddi, yn ateb *p*, neu *d* a *h* yn ateb *t*.

ARTHUR. Da iawn genyf dy fod yn cofio hyn, oblegyd bydd yn fanteisiol i ti i ddeall y gynghanedd hon yn gyflymach nâ phe buaset heb fod yn cofio hyn. Yn y *Groes o Gysswllt Ewinog*, gall y cysswllt gymmeryd lle mewn manau heblaw yn yr orphwysfa. Gall ddygwydd yn nghanol y rhan flaenaf, neu y rhan olaf o'r llinell; ond cofia fod yn rhaid cael cydsain galed, fel ei gelwir, i ateb cydseiniaid y cysswllt yn y rhan gyferbyniol. Gallwn weled hyn yn amlycach trwy ddadgymmalu llinellau; a chan y gellir ffurfio llinellau yn y ddwy accen yn cynnwys y gynghanedd hon, caiff yr enghreifftiau fod yn ddyblyg, sef dwy linell o gywydd. Dyma ddwy i ddechreu:—

*T*aro ei fraw*d* *d*ewr ei fron,
*C*yn ei ano*g* *g*an Einion.

Yn y llinell flaenaf o'r rhai hyn, y mae y *d* sydd yn gorphen y gair *frawd*, a'r *d* sydd yn dechreu y gair *dewr*, yn uno â'u gilydd i ateb o ran sain i'r *T* sydd yn dechreu y llinell. Yn yr ail linell, y mae yr *g* yn y gair *anog*, a'r *g* sydd yn ei chanlyn yn y gair *gan*, yn ffurfio cysswllt, er bod yn gyfartal o ran sain i'r *c* sydd yn nechreu y llinell; ac y mae y cydseiniaid ereill yn ateb eu gilydd yn rhan flaenaf a rhan olaf y llinell, fel hyn:—

1. T r f r — d d r f r.
2. O n n — g g n n.

I. Yn ngholl y bo'r ewinedd yma; yr wyf yn cael mwy o drafferth i gael y rhai hyn i ufuddhau i mi nâ'r lleill i gyd, am wn i. Yr wyf yn credu fy mod wedi deall pa fodd mae gwneyd y llinellau; ond y felldith yw, fy mod yn methu cael gafael ar eiriau priodol i'w gosod at eu gilydd; etto, yr wyf wedi dygwydd cael dwy linell, trwy drafferth, â'r gynghanedd yma yn y naill a'r llall o honynt, os nad wyf yn camsynied. Dyma hwy, pa fodd bynag, camsynied neu beidio:—

Ai ci Meurig gymerwn
I drin corph y draenog hwn?

Yn awr, os wyf wedi deall y peth yn iawn, mae cynghaneddion y llinellau yma fel hyn: yn y flaenaf, y mae *c* yn y gair *ci*, yn ateb o ran sain i'r ddwy *g* sy'n ymgyssylltu â'u gilydd ar ddiwedd y gair *Meurig* a dechreu y gair *gymerwn*. Neu mewn geiriau ereill, y mae y ddwy *g* a nodwyd yn cynnyrchu sain *c* wrth daro yn erbyn eu gilydd, i ateb yr *c* yn y gair *ci*. Yn yr ail linell, y mae yr *g* sydd yn gorphen y gair *draenog*, yn cael help yr *h* yn y gair *hwn*, i'w chaledu, neu ei nerthu i fod yn gyfartal o ran sain i'r *c* yn y gair *corph*; tra mae y cydseiniaid ereill yn ateb eu gilydd yn nau ben y llinellau, fel hyn:—

1. C m r — g g m r.
2. d r n c — d r n g g,

A. Mae'n dda genyf dy hyspysu fod dy linellau yn eithaf cywir, ac wedi eu hegluro yn foddhaol. Gyda golwg ar dy drafferth i gael geiriau priodol i'w gosod at eu gilydd i ffurfio cynghanedd, dichon y bydd yn galondid i ti wybod fod y beirdd goreu, a mwyaf cyfarwydd yn y cynghaneddion, yn brofiadol o'r drafferth y soni am dani yn fynych. Cofia mai un peth yw deall y cynghaneddion, peth arall yw ffurfio llinellau yn eu cynnwys. Ond i ni gael myned yn mlaen, mi a roddaf un enghraifft etto yn y Groes o Gysswllt Ewinog yma, a chei dithau egluro'r gynghanedd, i gael bod yn sicr o dy bwngc:—

Mynu cloi y miniog gledd,
Cyn taro cenad dewrwedd.

I. Mae yn rhwyddach i mi wneyd hyn o lawer nâ llunio llinellau fy hun. Yr wyf yn gweled y gynghanedd yn y llinellau hyn ar unwaith. Dim ond tynu y llafariaid allan o honynt, safant fel hyn:—

    1. M n c l — m n g g l.
    2. C n t r — c n d d r.

Y mae dwy *g* yn ateb *c* yn y flaenaf, a dwy *d* yn ateb *t* yn yr olaf. Yr wyf yn sicr fy mod yn deall y rheol gyda golwg ar hon, ac nid yw yn debyg yr annghofiaf hi yn fuan ychwaith.

Y GROES RYWIOG.

ARTHUR. Dyma ni wedi dyfod yn awr at y brif, a'r goreu o'r cynghaneddion, yn ol barn llawer; ond barnai Goronwy Owen mai y gynghanedd oreu oedd yr un fuasai yn dod naturiolaf. Gellir rhanu pob llinell sydd yn cynnwys y gynghanedd hon yn ddwy ran; ac y mae y naill a'r llall o'r rhanau hyny yn cynghaneddu mor gyflawn â'u gilydd, fel y gellir gosod y rhan flaenaf yn olaf, a'r olaf yn mlaenaf, a chael y gynghanedd i ddal heb ei niweidio; a deil y synwyr felly fynychaf hefyd. Gellir cyfansoddi y gynghanedd hon yn yr accen ddyrchafedig neu ddisgynedig, ac felly gellir cael pennill o gywydd arni; ac yn y ffurf hono yr ystyrir hi yn gyflawn. Pan fyddo llinell yn cynnwys y gynghanedd hon ar yr accen ddyrchafedig, sef yn diweddu yn unsill, rhaid i'r orphwysfa fod yn diweddu yr un fath; a phan orphenir y llinell yn yr accen ddisgynedig (neu luossill), rhaid i'r orphwysfa fod felly hefyd. Fel hyn:—

    Medru'r gaeth a mydru'r gân,
    A barddoniaeth beirdd anian.

Yn awr, edrych ar odlau dyblyg y llinellau hyn; y maent yn cydodli yn y gorphwysfaon fel yn y prif odlau, gan fod *gaeth* a *barddoniaeth* yn odli â'u gilydd, yn ogystal â *gân* ac *anian*. Yn awr mi a'u troaf yn y gwrthwyneb, a chei weled y deil y gynghanedd heb ei niweidio:—

    Mydru'r gân, a medru'r gaeth,
    Beirdd anian a barddoniaeth.

Ti weli fod prifodlau y llinellau yn y ffurf flaenaf wedi myned yn orphwysfaon yn yr ail ffurf arnynt, a'r gorphwysfaon wedi eu troi yn brifodlau; ac etto y mae y gynghanedd yn parhau yn ddilwgr, gan fod y cydseiniaid yn ateb eu gilydd yn gyflawn yn nau ben y llinellau, fel hyn:—

1. M d r r g — m d r r g,
2. B r dd n — b r dd n.

IFOR. Yn wir, y mae rhywbeth sydd yn bert iawn yn hon, ond yr wyf yn credu pa bertaf y bydd cynghanedd mai anhawddaf ydyw ei gwneyd. Barnaf fy mod yn dechreu gweled y ffordd i wneyd hon etto, ond y mae mor anhawdd cael y geiriau i drefn briodol fel yr wyf yn agos a gwangaloni. Er y cwbl, yr wyf wedi llwyddo i wneyd pennill cywir, os nad wyf yn camsynied, a dyma fe:—

I Gaerdydd â y gwr dall,
Hyd y Werydd daw arall.
Neu,
A y gwr dall i Gaerdydd,
Daw arall hyd y Werydd.

Mae cynghanedd y llinellau hyn mor ystwyth â'r faneg, yn cymmeryd eu plygu yn ol ac yn mlaen fel y mynir, ac felly y maent yn sicr o fod yn ddigon croes rhywiog, debygwyf.

A. Wel ydynt, y maent yn ddigon ystwyth a rheolaidd; ond nid wyt wedi eu dadgymmalu, er dangos y gynghanedd yn briodol: o ganlyniad, yr wyf am i ti wneyd dwy etto. Ond cyn y bydd i ti wneyd hyn, gad i mi dy hyspysu fod dwy linell Groes Rywiog yn cymmeryd ffurf arall hefyd, sef y dull y diweddir Triban Cyrch, &c., fel hyn—

I Gaerdydd a y gwr *dall*,
Daw *arall* hyd y Werydd;

gan fod gorphwysfa y llinell olaf yn odli a phrifodl y flaenaf.

I. Chware teg, chware teg, yr wyt yn gosod yn rhy galed arnaf yn awr; yr oedd yn ddigon anhawdd i mi gael llinellau yn gywir yn y cynghaneddion blaenorol, ond y mae hon yn eithafol o gaeth a dyryslyd. Ond rhag i ti fy nghyfrif yn ysgolor anufudd, mi a geisiaf gael dwy linell etto. Ust yn awr, i mi gael chware teg ati.

* * * * * * * *

Dy-dy-dy-dyma un yn barod, myn asgwrn:—

Un oerwlyb iawn yw eirwlaw;
Neu,
Iawn yw eirwlaw—un oerwlyb.

Ond Ceridwen a'm helpio yn awr! Y mae yr orchest fwyaf o lawer ar ol, sef cael llinell i ateb hona.

——— oerwlyb, ——— eirwlaw.

Dyna yr orphwysfa a'r brifodl yn y llinell sy'n barod. Yn

awr, y mae yn rhaid i mi gael gorphwysfa a phrifodl unsillog i'w hateb yn y llinell nesaf, gan fod y rhai hyn yn lluossill, onide ni ddeuant i daro. Hefyd, y mae yn rhaid i mi gael y cydseiniaid yn nau ben y llinell i ateb eu gilydd fel y gellir eu troi yn ol a blaen fel y mynir heb golli y gynghanedd. Yn awr am dani, ynte:—

Un oerwlyb iawn yw eirwlaw.
Ow! oer a gwlyb—rhew a gwlaw.

Dyna nhw, mewn gwirionedd; y mae y ddwy yn gywir o ran cynghanedd, os nad oes llawer o synwyr ynddynt; a chymmerant eu troi yn y gwrthwyneb, fel hyn:—

Iawn yw eirwlaw—un oerwlyb,
Rhew a gwlaw, ow, oer a gwlyb.

Neu os tynir y llafariaid allan o honynt, bydd eu hysgerbydau cydseiniol fel hyn:—

1. — n r l — n r l,
2. — r g l — r g l.

A. Da iawn. Yn awr, ar ol i ti fyned trwy dy drafferth, dichon y bydd yn ysgafnder i dy feddwl i gael gwybod nad oes *angen* cyfansoddi dwy linell o'r bron yn y gynghanedd hon mewn na chywydd nac englyn; nid yw cael dwy o'r bron ond mater o gywreinrwydd yn unig. Cyhyd ag y buost ti yn ymdrafferthu i gael dwy linell at eu gilydd yn cynnwys y Groes Rywiog, lluniais innau ddwy, sef—

Mynu clod â min y cledd,
Noda bechod nwyd buchedd.

Neu,—

Nwyd buchedd noda bechod,
A min y cledd mynu clod.

Fel y dywedwyd yn barod, pan fyddo dwy linell, sef pennill o Gywydd, yn cynnwys y Groes Rywiog, y mae y ddwy orphwysfa, fel y ddwy brifodl, yn odli â'u gilydd; ac y mae rhan flaenaf a rhan olaf pob llinell yn croes gynghaneddu yn gyflawn.

Y CYNGHANEDDION CYMMYSGEDIG.

Ifor. Beth sydd i'w ddeall wrth y Cynghaneddion Cymmysgryw y sonir am danynt yn y gwahanol Ramadegau?

Arthur. Y cwbl sydd i'w ddeall wrth yr enw yw hyn:—Y gellir gosod mwy nag un math o gynghanedd mewn llinell, a gelwir rhai felly yn gymmysgedig. Mae y rhan fwyaf o'r Cynghaneddion Cymmysgedig yn perthyn i'r Sain; a chan mai y cwbl a feddylir wrth yr enw yw, bod llinell yn cynnwys dwy gynghanedd, nid wyf yn gweled y byddai yn ddoeth i ni dreulio ychwaneg o amser i egluro hyn.

I. Wel, er mwyn i mi ddeall hyn yn fwy trwyadl, bydd gystal â rhoddi ychydig enghreifftiau o'r rhai cymmysgedig, fel y gallwyf eu hadnabod.

A. Er mwyn dy foddio di, mi a wnaf hyny etto. Dyma ddwy linell yn cynnwys y Sain a'r Groes Rywiog:—

Daw o draw wedi ei drin.
Trwy dramwy tro draw Homer.

I. Aros yn awr, i mi gael cynnyg i geisio egluro y ddwy gynghanedd yn y llinellau hyn. Yn y llinell flaenaf o'r ddwy, fe welir y Gynghanedd Sain, fel hyn:—Dyna y gair *Daw* yn ffurfio y sain unodl flaenaf, a'r gair *draw* yn ffurfio yr ail sain; yna y mae yn rhaid llamu dros y geiriau *wedi ei*, at y gair *drin*, yr hwn sy'n cynghaneddu â'r gair *draw*:—

Daw o draw (wedi ei) drin.

Yr un fath yn yr ail linell, y mae *trwy* a *dramwy* yn cydoli, ac y mae y gair *dramwy* yn cynghaneddu yn groes â'r geiriau *draw Homer*. Dyna y Gynghanedd Sain yn iawn ynddynt, beth bynag. Yn awr, mi a droaf y llinellau yn y gwrthwyneb; ac os cymmerant eu troi felly, a chadw y gynghanedd, mae'n rhaid eu bod yn Groes Rhywiog. Yn awr am dani, ynte:—

Wedi ei drin daw o draw.
Tro draw Homer trwy dramwy.

Mewn gwirionedd, y mae y dull hwn yn un pert iawn; o ganlyniad, dyro ychwaneg o enghreifftiau, os gweli yn dda.

A. Gelwir yr un sydd wedi ei rhoddi yn barod yn SEINGROES RYWIOG. Yn awr, dyma linell yn cynnwys y gynghanedd a elwir SEINGROES GADWYNOG:—

Awn, yna cawn hwy'n y coed.

Edrych, dyna *Awn* a *cawn* yn cydodli, ac felly yn ffurfio y ddwy sain unodl; ac y mae *cawn* drachefn yn croes gynghaneddu â'r gair *coed*, ac felly y mae'r llinell yn cynnwys y Gynghanedd Sain. Hefyd, y mae yn groes rywiog i gyd ond y gair blaenaf, a gellir ei throi fel hyn:—

—— yna cawn hwy'n y coed,
—— hwy'n y coed yna cawn.

Edrych etto, gydag ychydig gyfnewidiad gellir cael yr un llinell i gynnwys y SEINGROES O GYSSWLLT EWINOG.

Awn, yna *cawn* enwo*g gerdd.*

Mae'r Gynghanedd Sain ynddi yr un fath ag o'r blaen; ond Croes o Gysswllt Ewinog sydd ynddi yn awr yn annibynol ar y gair cyntaf, gan fod y ddwy *g* sydd ar ddiwedd y gair *enwog* ac ar ddechreu y gair *gerdd* yn ymgyssylltu, i ateb yr *c* yn y gair *cawn.*

I. Wel yn wir, mi allwn feddwl mai cryn gamp yw cyfansoddi llinellau mor gywrain â hyn. Yr wyf fi yn methu yn lân a gweled fy llwybr yn glir i wneyd rhai; felly, dos yn mlaen i ddangos mathau ereill.

A. O'r goreu; dyma i ti linell yn cynnwys y cymmysgiad a elwir—

SEINDRWAS O GYSSWLLT EWINOG DISGYNEDIG:—

Hardd wyt ar ddeuawd hiraeth.

I. Aros, aros, yr wyf fi yn methu gweled cynghanedd o gwbl yn hona; ac os oes, yn mha le gebyst y mae yn llechu?

A. O oes, y mae cynghanedd ddyblyg bert ynddi hefyd. Edrych;—dyna y gair blaenaf, *Hardd,* yn ffurfio y sain unodl gyntaf; yna, trwy gyssylltu yr *r* sydd yn y gair *ar* â'r *dd* sydd yn dechreu y gair *ddeuawd,* fe geir *ardd* yn ail sain; a dim ond cyssylltu y *t* sydd yn y gair *wyt* â'r ail sain, fe'i ceir yn *tar*; ac wrth osod yr *h* sy'n dechreu *hiraeth* i galedu y *d* ar ddiwedd y gair *ddeuawd,* fe geir *d-har* i ateb y gair *tar* a nodwyd, a'r sill olaf yn *hiraeth* heb ddim yn ei ateb. Fel hyn:—

HARDD wyt-ar DD-euawd HIR-aeth.

I. Wel, peth sicr yw fod ffurfio llinell o fath hona yn dasg rhy galed i mi o lawer; etto yr wyf yn hoffi gweled y cywreinrwydd sydd yn y rhai cymmysgedig yma; felly rho linell neu ddwy etto o rai gwahanol.

A. Dyma linell yn cynnwys y gynghanedd a elwir—

SEINGROES O GYSSWLLT DISGYNEDIG:—

Nid a dyn i dy donau.

Yn awr eglura y gynghanedd sydd yn y llinell hon,—y mae yn ddigon amlwg.

I. Na, na, nid mor amlwg; etto yr wyf yn credu fy mod wedi ei gweled. Y sain unodl gyntaf yw *Nid,* onide? Y mae hona yn amlwg; ond y mae gwaith assio cyn cael un i'w hateb. Wel yn awr am dani, ynte: dechreuir ar yr *n* yn y gair *dyn,* a dim ond assio hono wrth yr *i* sydd yn ei chanlyn, â'r *d* yn *dy,* fe geir *nid* i ateb y sain flaenaf o ran odl. Y mae *dyn* hefyd yn ateb *don* yn *donau;* ac felly dim ond defnyddio yr *n* sydd yn y gair *dyn* ddwywaith, fe ddaw'r gynghanedd fel hyn:—

*Nid a dyn nid y don-*au.

A. Ië, dyna hi; ond cofia y buasai yn feius oni bae yr *au* sy'n gorphen *donau*, fel y cawn sylwi etto wrth drin *Beiau Cerdd Dafod*.

Y DRAWSLUSG DDISGYNEDIG.

Ar ol Hywel i'r Helyg.

A wyt ti yn gweled dwy gynghanedd yn hona?

I. Ydwyf, yr wyf yn gweled y *Draws Ddisgynedig* a'r *Lusg* ynddi. Buasai y Draws yn ddigon rheolaidd fel hyn:—

Ar ol (Thomas) i'r helyg,

gan mai *Ar ol* ac *i'r hel* sy'n ateb eu gilydd; ond ni fuasai y Lusg ynddi felly: ond gan fod y sain olaf yn y gair *Hywel* yn odli â'r sain flaenaf yn *helyg*, sef y sain olaf ond un yn y llinell, y mae y Lusg a'r Draws Ddisgynedig yn amlwg ynddi.

A. Dyma un enghraifft arall cyn symmud yn mlaen, yr hon sy'n cynnwys

CROES O GYSSWLLT A SAIN RYWIOG:—

Aeth er alaeth ar elor.

Yr wyt yn cofio y rheol gyda golwg ar y Groes o Gysswllt, ond odid, ac felly ti weli ei bod yma fel hyn:—

— th-er alaeth—ar elor.

Ti weli fod y Sain Rywiog yma hefyd, gan fod *aeth* ac *alaeth* yn cydodli, ac ALAETH ac ELOR yn cynghaneddu. Ystyrid plethiad y cynghaneddion cymmysgedig yn y dyddiau gynt yn gampwaith gorchestol, ond erbyn hyn y mae yr arferiad wedi ei droi heibio i raddau pell, gan fod prif feirdd yr oes hon yn ymgeisio at rywbeth uwch nâ chywreinrwydd cynghaneddol. Y gamp yn awr yw creu meddylddrychau barddonol, a gwisgo y rhai hyny â'r cynghaneddion cymhwysaf, yr hyn sydd annhraethol well nâ cheisio cynllunio cynghaneddion cywrain heb farddoniaeth fyw.

Yn awr, dyma ni wedi myned dros y gwahanol gynghaneddion yn bur fanwl; a dim ond i ti ymarfer â hwy yn aml deui yn feistr arnynt yn bur fuan, ac yna gelli gyfansoddi yn rhwydd, hyd y nod yn y Mesurau Caethion.

I. Yr wyf yn dra diolchgar i ti am dy gyfarwyddiadau, ond nid wyf yn foddlon gorphen ar hyn. Yn awr, yr wyf am gael gwybod a fu rhyw gynghaneddion ereill mewn arferiad nad ydynt felly yn awr?

A. Do, fe fu tair gan Feirdd Morganwg, ond y mae dwy o honynt wedi myned allan o ymarferiad; ac anfynych iawn y gwneir defnydd o'r llall. Rhoddaf fras olwg i ti ar y tair yn awr.

I. Y GYNGHANEDD BRAIDD GYFFWRDD.

Un wael iawn yw hon, ac felly nid yw yn un colled ei bod hi allan o arferiad. Ffurfir hi trwy osod dau air unsill yn unodl yn nghanol llinell, heb ddim cloadau yn unman arall, fel hyn:—

Gwelais *fardd hardd* ei wyneb.

II. Y GYNGHANEDD GADWYNOG.

Y ffordd i wneyd hon yw gosod y gair o flaen yr orphwysfa i gydodli â'r gair flaenora y brifodl, a gosod yr orphwysfa a'r brifodl i groes gynghaneddu, fel hyn:—

Hy*fryd* yw y byw*yd* HWN.
Gwe*led* LLO yn y*fed* LLAETH.

III. Y GADWYN ORCHESTOL, NEU'R GROES GADWYNGYRCH.

Mae hon yn un bert iawn, a gwneir hi trwy osod diwedd un llinell i gynghaneddu â dechreu yr un ganlynol, ac felly trwy y pennill; ac hefyd beri fod pob llinell yn cynnwys cynghanedd arall, yn annibynol ar yr un fydd ar y penau. Dyma bennill yn enghraifft:—

Y CYBYDD.
CIBYN *noethlwm, nythle* PRYSUR,
PRESWYL *llafur llefog* HIRDDYDD,
HYRDDIAD *gorthrwm, gwrthran* OYSUR,
CASAF *mesur masw* BEUNYDD,
BONYN *anmhur unman* OERGUR,
ARGAIS *eglur hyglwyf* AWYDD,
EWIN *dolur dylaf* AWDUR,
YDYW *antur heintiog* CYBYDD.
Robyn Ddu Eryri.

Mae mwy o gamp nag arferol ar y pennill hwn, gan fod y gair blaenaf yn cynghaneddu â'r olaf.

GODDEFIADAU YN Y CYNGHANEDDION.

IFOR. Yn awr, ar ol gorphen â'r hyn fu dan sylw, carwn gael ychydig eglurhad ar Y Goddefiadau, sef yr hyn a ganiateir fel eithriadau i'r Rheolau.

ARTHUR. Gall hyny fod yn fuddiol iawn i ti wrth gyfansoddi, ac felly ni a awn yn fras drostynt yn awr.

1. Yr N Wreiddgoll. Caniateir i'r gydsain hon fod yn nechreu llinell heb un N yn ei hateb yn y pen arall, fel hyn:—

Naw o deryd a dorais.

Neu gyda llafariaid yn ei blaenori, fel hyn:—

Ewyn y llif megys llaeth.

2. Caniateir i *H* fod mewn llinell heb un *h* yn ei hateb, megys—

Hywel sy'n fawr ei awydd.

3. Goddefir i un gydsain ateb dwy o'r un rhyw, megys—

Dan *s*eiliau dina*s* Salem.——*s*—*ss*.
Taniodd y glo, gan*t* *t*ynell.——*t*—*tt*.
Y gwr o *ch*waeth gerw*ch* *ch*wi.——*ch*—*ch ch*.

I. Yr wyf yn deall y rhai hyna, ac hefyd bod yn oddefol i ddwy *f* ateb un, neu ddwy *r* i ateb un; neu un *dd* i ateb dwy, &c: ond beth am y *b d g*? A ydyw yn oddefol gwneyd yr un fath â'r rhai hyn? Y rheswm fy mod yn gofyn yw hyn: clywais ddadl o barth y llinell hon—

Y gwr enwog Goronwy.

Yr oedd un blaid yn dadleu ei bod yn gywir, a'r llall yn dweyd yn wahanol, gan haeru nad oedd yn oddefol gosod un *g* i ateb dwy, ond y dylasai *c* fod yn ateb y ddwy *g*, fel hyn:—

Y cawr enwo*g* Goronwy.

Yn awr, pa un o'r pleidiau oedd gywir?

A. Mae'r llinell yn eithaf cywir yn y ddwy ffurf; o ganlyniad, y blaid oedd yn dweyd ei bod yn gywir ar y cyntaf oedd iawn. Mae'n wir fod llawer yn haeru fod yn rhaid cael *c*, neu *g* a *h*, i ateb dwy *g*; a *p*, neu *b* a *h*, i ateb dwy *b*; a *t*, neu *d* a *h*, i ateb dwy *d*; heb gofio am y goddefiad hwn. Ond cofia, y *mae* yn oddefol, yn enwedig pan fydd y ddwy gydsain yn dyfod i gyffyrddiad â'u gilydd, un yn diweddu yr orphwysfa, a'r llall yn dechreu ail ran y llinell, fel y maent yn y llinell uchod; ac fe geir digon o enghreifftiau o hyn yn ngwaith y prif-feirdd.

I. Yr wyf yn credu fy mod wedi gweled rhai enghreifftiau mewn Awdlau Cadeiriol, heb fod yn yr orphwysfa. Dyma linell o waith Ambrose yn ei awdl ar ol Albert Dda:—

I *g*ôl distawrwydd rha*g* *h*euldes tirion.

Dyna *g* yn ateb *g h*, onide? Dyma linell etto, allan o Awdl R. Ddu o Wynedd ar Ioan yn Ynys Patmos:—

Denu ei *b*ur *e*dyn heb *b*aid.

Dyna un *b* yn ateb dwy. Yr wyf wedi cael boddlonrwydd ar hyn, bellach; felly gad i mi gael gair etto ar y goddefiadau ereill.

A. Y pedwarydd Goddefiad yw, fod caniatad i ddefnyddio *c* yn y cyssylltiad *ac* i ateb *g*, megys—

Ac yn ei dull, Gwen a'i dwg.

Y mae hynyna yn ddigon eglur.

5. *Y Cesseiliaid.*—Yr hyn sydd i'w ddeall wrth y Cesseiliaid yw hyn:—Fod caniatad i *b, d, dd, f, g, l,* lechu yn nghysgod, neu yn nghesseiliau, *p, t, th, ff, c, ll.* Pan fyddo y rhai blaenaf, sef y gweiniaid, yn dyfod i gyffyrddiad â'u perthynasau celyd mewn llinell, y maent yn colli eu seiniau, ac felly nid ydynt yn niweidio y gynghanedd. Neu mewn geiriau ereill, nid yw ein peiriannau llafar yn alluog i seinio y gweiniaid a'r cryfion yn nghyd; ond llecha y rhai gweiniaid yn fudion yn nghysgod eu perthynasau cryfion, heb ymhyraeth â'r sain, fel hyn:—

Mae porthiant yn mho*b* parthau.—	*b* yn nghessail	*p.*
Talwyd am glywe*d* telyn.—	*d* ,,	*t.*
Ei ffraeth *dd*awn, melus-ffrwyth yw.—*dd*	,,	*th.*
Yn y ffair mi bryna*f* ffon.—	*f* ,,	*ff.*
Cannoedd o feny*g* cynhes.—	*g* ,,	*c.*
Mwy llesol nâ mê*l* llysiau.—	*l* ,,	*ll.*

Yn y llinellau hyn y mae y llythyrenau *Italaidd* yn nodi y cesseiliaid, ac fel y gwelir, nid oes cydseiniaid o'r un natur â hwy yn eu hateb, ond collant eu swn yn nghysgod eu perthynasau, am nas gallwn eu seinio yn nglyn â'u gilydd wrth siarad neu ddarllen yn llithrig. Er enghraifft, cymmerwn y llinell hon:—

Cannoedd o fenyg cynhes.

Wrth ddarllen neu adrodd hon, y mae yr *g* yn y gair *menyg* yn cael ei gadael heb ei seinio genym, ond darllenwn hi fel pe wedi ei hysgrifenu hebddi, fel hyn:—

Cannoedd o feny- cynhes.

Yr un fath yn union mae y gweiniaid, neu y cydseiniaid meddalon, yn colli eu swn yn y llinellau ereill; a phob amser wrth ddyfod i gyssylltiad o'r fath â'r rhai celyd.

6. Y goddefir i gydsain galed gynnorthwyo un feddal i fod yn gyfartal o ran sain i'w pherthynas galed, megys—

Llais croch y llewes gref.—   *s* yn helpu *g* i ateb *c.*

Rhua crefydd rhaG Rhyfel.— *rh* yn helpu *g* i ateb *c*.

Gellid ychwanegu lluaws o'r rhai hyn, ond gadawwn hwynt ar hynyna yn bresenol.

7. Fod yr *w* yn colli ei grym ar ol llythyren dawdd, ac felly y goddefir iddi fod mewn Cynghanedd Lusg heb *w* yn ei hateb. Dyma yr enghreifftiau a roddir gan wahanol awdwyr:—

Llwyn ar lethr yn llawn plethwrysg.—*G. Canoldref.*
Ni'th gâr eithr rhyw ddiffeithwraig.—*Bardd Nantglyn.*
Difeth rwygodd y plethwrysg.—*Drych Barddonol.*

Yn yr enghreifftiau hyn y mae yr *r* yn effeithio ar yr *w* nes lladd ei swn, neu ei thoddi ymaith, ac felly goddefir hi.

8. Goddefir i *ff* ateb *ph* yn mhob math o gynghanedd yn ddieithriad.

I. Pa un ai geiriau unsill neu ddeusill yw *enw, hoyw, marw, gwelw, gloyw, croyw, twrw,* &c.?

A. Y mae yn oddefol wrth gyfansoddi barddoniaeth eu defnyddio yn unsill neu yn ddeusill, er mantais i'r cyfansoddwr.

I. A oes ychwaneg o oddefiadau?

A. Fe nodir un arall—hyny yw, yr odl gudd, fel ei gelwir; sef bod caniatad i'r bardd i gyssylltu diwedd un linell â dechreu y llinell ganlynol, er mwyn cael odl. Dyma englyn a thair odl gudd ynddo, allan o Rammadeg R. D. Nantglyn:—

Byd yw hwn, treiddiwn trwydd*aw*,—*b*oen waeddfawr,
   Heb un noddfa yndd*aw*;
  *B*yd o bridd; a ddel idd*aw*,
  *B*wrw wna'n ol, call, ffol, a phawb.

BEIAU GWAHARDDEDIG CERDD DAFOD.

IFOR. Yn awr, ar ol cael clywed am y goddefiadau, beth pe bawn yn cael ychydig eglurhad ar yr hyn a waherddir.

ARTHUR. Diau y bydd hyny yn fuddiol, er mwyn i ti eu gochel: am hyny mi a'u nodaf allan bob yn un. Dywedir fod 15 o honynt, ond buasai 10 neu lai yn llawn ddigon; ac o ran hyny, gellid lleihau y rhif trwy uno amryw o honynt â'u gilydd, gan eu bod braidd yn hollol yr un fath. Pa fodd bynag, awn drostynt fel y maent; ac wrth fyned yn mlaen, dangoswn pa mor debyg yw rhai o honynt i'w gilydd.

1. TWYLL AWDL.—Nôd y bai hwn ydyw bod dwy linell o gymhariaid yn odli yn wahanol. Achosir hyn trwy ddefnydd-

iad llafariaid gwahanol yn ngobenydd y llinellau, megys gosod *u* i ateb *y*, fel hyn:—

Os Gwilym fydd esgeul*us*,—us.
Ar y fainc fe dyr ei f*ys*. —ys.

2. TWYLL CYNGHANEDD.—Twyll, neu wall cynghaneddol, yw gosod llythyren neu ychwaneg mewn llinell a fyddo yn ei hattal i gynghaneddu yn briodol. Dyma ychydig enghreifftiau:—

1. A DAW'r gelyn i'r golwg.
2. Taro'R gwr nes tori'i goes.
3. Rhoes y dyn ar ei fm fel.
4. Prynais ffon yn AberhonDDu.

Yn y llinell flaenaf o'r rhai hyn, y mae'r D yn y gair *daw* yn ei hattal i fod yn gywir, am nad oes D yn atebol iddi yn rhan olaf y llinell, ar ol y gair *gelyn*. Buasai yn gywir fel hyn:—

Daw'r gelyn DU i'r golwg.

Yn yr ail linell, mae yr R sydd yn canlyn y gair *taro* heb un R yn ei hateb ar ol y gair *tori*, ac felly y mae'r llinell yn wallus. Buasai yn gywir fel hyn:—

Taro'R gwr nes tori'R goes.
　　　　Neu,
Taro gwr nes tori'i goes.

Yn y drydedd linell, y mae dwy sain anughydweddol wedi eu gosod ar gyfer eu gilydd, sef *dyn* a *fin*; a chan nad ydynt yn unodl, y mae'r Gynghanedd Sain yn wallus yn y llinell. Mae'r bedwaredd linell yn wallus, am fod *dd* yn y gair AberhonDDu heb un *dd* yn atebol iddi ar ol y gair *ffon*.

3. CAMOSODIAD.—Math o wall cynghanedd yw y bai hwn, a naturiol fyddai ei resu dan y penawd hwnw. Ei nôd yw,— fod y cydseiniaid a ddylai ateb eu gilydd yn nau ben llinell wedi eu trefnu yn afreolaidd, ac felly yn tori cynghanedd. Fel hyn:—

Barddoniaeth heb addurnau.
1 2 3 4 　　　1 3 2 4

4. CRYCH A LLYFN.—Math o dwyll cynghanedd yw y bai hwn etto, a gellid yn hawdd gyfrif y tri yn un, sef tynu allan y *Crych a Llyfn* a'r *Camosodiad* o blith y beiau. Nôd y bai hwn yw camdrefniad ar y llythyrenau, fel nad ydynt yn ateb eu gilydd, megys:—

Gair o *farn* y gwr o *fri*.

Nid yw *farn* a *fri* yn cynghaneddu o gwbl, am fod y llafariad yn blaenori yr *r* yn *farn*, ac ar ei hol yn y gair *fri*. Buasai *frawd* yn ateb *fri*; neu y *farn* a *fydd*. Etto—

    Taro'r graig nes tori 'i gorn.

Nid yw *graig* a *gorn* yn cynghaneddu, am fod yr *r* yn nglyn â'r *g* yn gair *graig*, a bod yr *o* rhyngddynt yn *gorn*. Buasai yn gywir fel hyn:—

    Tarw gwyllt yn tori 'i gorn.

Etto—

    Yr aberthwr a'i *b*rathodd.
    Y byd fu'n *g*ryd i Gaw*rd*af.

Yn yr enghreifftiau hyn bob un y mae yn amlwg mai y bai yw hyn,—sef nad yw y ddwy gydsain a gyssylltir â'u gilydd yn nau ben y llinellau yn cyfateb i'w gilydd.

5. GORMOD ODLAU.—Mae rhai o esbonwyr y rheolau yn gaeth iawn ar y pen hwn. Dywedant mai gwallus yw, os bydd sill yn y llinell yn unsain â'r brifodl. Pe felly, nis gallem ddefnyddio y geiriau *Anian, Goror, Rhoddodd*, &c., i orphen llinellau o gwbl, am eu bod yn cynnwys dwy sain unodl ynddynt eu hunain. Ond y rheol yw hyn, sef na oddefir i *utr* neu *orphwysfa* o fewn corph llinell, fod yn unsain â'r brifodl, megys:—

    Dyfroedd hallt geir o'r moroedd.

6. PROEST, HANNER PROEST, a PHROEST LLAFAROG.—*Proest*, yw bod yr orphwysfa, pan yn diweddu yn gydseiniol, yn gorphen gyda'r un fath gydsain a'r brifodl, fel hyn:—

    Y dyled oll a dalwyD.

Buasai yn gywir fel hyn:—

    Y dyled oll a dalwn,

Am mai *d* sy'n gorphen y gair dyle*d*, ac *n* yn gorphen y gair dalw*n*; tra mai *d* oedd yn diweddu yn y ddau fan yn y ffurf flaenaf.—*Hanner Proest*. Yn ol barn rhai, Hanner Proest yw bod *c, p, t, th, ll,* yn cael eu gosod i ateb *g, b, d, dd, l*; y naill yn yr orphwysfa, a'r llall yn y brifodl, megys:—

    Cadw y lloC mewn cwd llaC.   *g—c.*
    A'i wyneB yn nod anhaP.   *b—p.*
    Dyna BeT yn dwyn y bwyD.   *t—d,*
    A eginoDD y gweniTH?   *dd—th.*
    Hir gymmeLL y gwr gwammaL.   *ll—l.*

Nid yw beirdd yr oes bresenol yn talu llawer o sylw i'r bai hwn (os yw yn fai hefyd), ond arferir ef gan y prif rai o honynt:—

Haeledd y galon helaeth.—*Caledfryn.*
A hiraeth mawr o'i herwydd ⎫
Gan henaint egwan hynod.   ⎬ *Ieuan Glan Geirionydd.*
Yn dewfrith hyd y dyfroedd.— *Gwilym Hiraethog.*

Gwelir wrth y llinellau hyn fod yr *dd* a'r *th* yn cael eu harfer yn lled gyffredin i ateb eu gilydd.

Proest Llafarog yw bod yr orphwysfa a'r gobenydd yn diweddu â llafariad, fel hyn:—

Gwelir ll*u* yn gwylio'r ll*e*.   *u—e.*

7. YMSATHR ODLAU.—Mae y bai hwn yn bur debyg i *Broest*. Ei nôd yw,—fod llafariaid gair yr orphwysfa yn rhy debyg i eiddo gair y brifodl, megys—

Tori gwâr y tarw gwân.

Neu pan fyddo sain olaf yr orphwysfa yn sangu ar sain y brifodl, fel hyn:—

Enwog iawn yw hwnw g*wn.*   *wn—wn.*

8. DYBRYD SAIN.—Mae'r bai hwn etto yn dra thebyg i'r un blaenorol; hyny yw, nid goddefol i'r ail sain unodl mewn Cynghanedd Sain ddiweddu gyda'r un fath gydsain â'r brifodl, megys—

Gwr glân o ania*n* unia*wn*.

9. GWEST AWDL yw bod yr un gair yn diweddu dwy linell mewn Englyn, megys—

Gryffydd Rhys, mewn llys yn LLON,—a gana
  I genedl y Brython;
  A diddig lais prydyddion
Wna Gryffydd yn llywydd LLON.
                        O Glorian y Bardd.

10. TRWM AC YSGAFN.—Nodwedd y bai hwn yw gosod seiniau annghydweddol i orphen llinellau, megys gosod *Hên* i ateb *pren*, neu *tôn* i ateb *llon*, &c.

Rhodder llaeth er maeth i rai mân,—a gwin
  Ar y genau egwan;
  Ond cig moch yn y crochan
Yw bri cawr,—a bara cân.
                        O Glorian y Bardd.

11. LLEDDF A THALGRON.—Mae'r bai hwn yn tebygu llawer i'r un blaenorol. Lleddfon y gelwir y geiriau unsill hyny y

byddo dwy lafariad ynddynt, megys—Sain, Oen, Paen, Gwain, Llwyn, Hwyr, &c.; a Thalgrynion y gelwir y rhai sydd a dim ond un lafariad ynddynt, megys—Glân, Tân, Tôn, Sôn, Iôr, &c. Mae'r geiriau canlynol a'u cyffelyb yn cael eu cyfrif yn dalgrynion hefyd, gan fod yr *w* sydd ynddynt yn meddu nerth cydsain:—Gwŷr, Gwên, Gwyllt, Gwynt, Gwych, &c. Yn awr, ynte, Lleddf a Thalgron yw gosod y seiniau annghydbwys hyn i ateb eu gilydd, megys:—

> Mantell dlos wisg y rhosyn,
> Hardda'r lle ac urdda'r llŵyn.

12. GARLLAES yw bod dwy linell yn diweddu yn lluosill pan ddylai un o honynt fod yn unsill. Hyny yw, y mae pob pennill o Gywydd, neu ddwy linell olaf Englyn, &c., i ddiweddu y naill yn unsill a'r llall yn lluosill; a *Garllaes* y gelwir y bai o derfynu y ddwy yn lluosill.

13. GARFYR yw diweddu y ddwy linell nesaf i'w gilydd yn unsill pan ddylai un fod yn lluosill.

14. RHY DEBYG.—Cymmer y bai hwn le pan fyddo yr orphwysfa a'r brifodl ar yr un accen, ac mor debyg i'w gilydd fel na fydd feallai ond un lythyren yn ei hattal i fod yr un peth, megys:—

> Hardd eu *gwedd* mewn urdd a *gwên*,
> Yw *llawer* o rai *llawen*.

15. TOR MESUR yw gosod gormod neu ry fach o sillau mewn llinell i ateb ei chymhares, megys—

> Dywedwn mai gwrthodadwy   8
> Yw'r sur Dor Mesur mwy.   6

Pan derfyno gair â llafariad mewn llinell, a dygwydd i lafar unigol o'r un sain ddyfod yn nesaf atto, nid ystyrir ef yn dor mesur, er i'r llinell hono fod sill yn hwy nâ'i chymhares, megys—

> Mae'r glöwr yn wr o nerth,
> O fwriad tyr lo o fawrwerth.

Dyma fel y gosodir y Beiau hyn allan gan PEDR FARDD:—

1. Twyll awdl—onid hyll ydyw,   *y*
   Cawr o'i hwyl yn curo Huw.   *u*
2. Twyll cynghanedd—camwedd coll
   Go ruddgam yw y wreiddgoll.   *g—*
   Twyll pengoll yw holl hyllreirdd,   *—f*
   Anghymmen heb awen beirdd.

3. Gormod odlau beiau'n bod,   od—od
   Nid iachus y nôd uchod.

4. Pres a dwr hidl—Proest i'r awdl;   dl—dl.
   Gwnaed dwyodl, ac nid hyawdl.   dl—dl.
     Brysied iti Broest etto,   iti—etto.
     A hwnw ar fai—hanner fo.   fai—fo.

5. Dybryd sain chwain a chwn,   ain—wn.
   A blin brenin bro annwn.   nin—nwn.

6. Cam osodiad—coes madyn,
   1 2 3 4   1 3 2 4
   A'i groen mwyth;—hwy! gnowr myn
   1 2 3 4   1 3 2 4

7. Gwest awdl, anhyawdl i'n hiaith—odidog
     Yw dodi gair ddwywaith
     Mewn prifodl; mynu prawfwaith
     A wnawn yn hoywiawn o'n hiaith.

8. Gwel gymmysg trwm ac ysgafn,
   Tywallt dŵr i gwr ei gafn.   dŵr—gŵr.

9. Lleddf a thalgron—llon a llŵyr,   ŵyr.
   Y noddwn awenyddwŷr.   wŷr.

10. Llyfn a chrych yw llafn a charn, chrych—charn.
    Gwir y cred y gwr cadarn.   cred—cad.

11. Nid addas cân y diddawn,
    Eithr gwn, odl ymsathr gawn.   gwn—gawn.

12. Garllaes yw maes a mesen,   lluossill.
    Doldiroedd a dail derwen.   etto.

13. Pwngc gwan yw purdan y Pab,   unsill
    Twn yw fel odlau Tin ab.   etto.*

14. Rhy debyg—mawr hyd ebill;   y debyg—yd ebill.
    Tor ei swn, newid dair sill.

15. Tor mesur sy'n gwatwar miwsig;   8
    Ni wna bardd hyn a'i big.   6

Mae ychydig wahaniaeth rhwng Dosparth Caerfyrddin a'r Hen Ddosparth gyda golwg ar y beiau hyn. Yn ol yr Hen Ddosparth, *Carnymorddiwes* y gelwir *Garhir* a *Garfyr* Dosparth Caerfyrddin; ac am wn i nad yw yn cymmeryd i mewn y Gwestawdl hefyd. Yn yr Hen Ddosparth ni roddir *Camosodiad* ychwaith, am y cynnwysir ef yn y bai Twyll Cynghanedd.

---

* Garfyr y gelwir y bai hwn gan rai.

Mae dau fath o Ddybryd Sain yn yr Hen Ddosparth: yn gyntaf, Dybryd Sain o Ddiffyg digon o lafariaid i ateb y cydseiniaid, megys—

> Gwydriad embrodiad brwydrwaith.
> Twyllodrddoeth wyt y lleidrddyn.
> *Cyf. y Beirdd.*

Enghraifft dda o hyn yw Englyn Ceiriog i'r Afr:—

> Ar grugrgroen yr hagr grogrgraig,—a llamsach
>   Hyd hell lemserth lethrgraig;
>   Ochran neu grub uchran y graig
> Grothawgrub ar greithiog-graig.

Yn ail, Dybryd Sain o ddiffyg cyfnewidiad y llafariaid, nes peri gormod unseinedd mewn llinell, megys—

> Sant Sant *a ganant ganiad,*   *a a a a a a a*
> *Ag anhap cadarn arnaf.*   *a a a a a a a*

Bai arall a nodir yn yr Hen Ddosparth yw *Dyhëad*, yr hwn sydd debyg i'r olaf, sef bod llafariaid yn dilyn eu gilydd mor aml mewn llinell fel y bydd yn anhawdd eu hynganu, megys—

> Hai, hai hi, ai hi yw hon?
> Ar ol eu llanw o olud.

Er fod hyn o wahaniaeth rhwng y ddau Ddosparth, etto 15 bai a nodir yn y naill a'r llall.

BEIAU MEWN SYNWYR.

IFOR. Yn wir, yr wyf yn dra diolchgar i ti am egluro y beiau cynghaneddol mor fanwl. Yn awr, bydd gystal a nodi allan y beiau mewn synwyr.

ARTHUR. Mae dy synwyr cyffredin yn ddigon o reol i ti ar hyn—o'r hyn lleiaf, dylai fod: etto, er mwyn trefn mi a'u nodaf allan i ti.

1. UNIG A LLUOSOG YN NGHYD.—Gwneir y bai hwn fynychaf trwy gyssylltu ansoddair unigol wrth sylweddair lluosog:—.

> Dynion mawr yn dwyn ein mêl.

Yn y llinell hon, ti weli mai yn y rhif luosog y mae dynion, a *mawr* yn y rhif unigol; o ganlyniad, *dyn mawr*, neu *ddynion mawrion*, ddylasai fod yn ateb eu gilydd.

2. GWYDD AC ABSEN, yw lleoli gwrthddrych mewn dau fan ar unwaith:—

> *Yno yr wyf yn wr hael.*

3. GWRRYWAIDD A BENYWAIDD YN NGHYD:—
> Gwr rhywiog *deg* a gwraig *doeth.*

4. CAM AMSER:—
> Yfory lleddais faharen.

5. CLOD A GOGAN YN NGHYD:—
> Geneth *lân aflan* weflog.

6. DRWG YSTYR:—
> Goleu tywyll gwlad huan.

7. RHY AC EISIEU yw gosod amryw eiriau yn nghyd yn cynnwys yr un meddwl, ac felly anafu'r synwyr:—
> Ynfydien dwlion yw'r dyliaid.

RHAN II.—Y MESURAU.

DECHREUAD Y DDAU DDOSPARTH.

IFOR. Yn awr, Arthur, gan dy fod wedi egluro y Cynghaneddion mor ewyllysgar i mi, beth pe baem yn cael tro dros y gwahanol Fesurau etto? Yr wyf wedi clywed llawer o son am ryw Ddau Ddosparth o Fesurau, sef eiddo Morganwg ac eiddo Gwynedd. Yr wyf wedi clywed, hefyd, am ryw ymraniad a gymmerodd le yn Nghaerfyrddin, amryw gannoedd o flynyddau yn ol. A wyddost ti, Arthur, beth fu yr achos iddynt ymranu yn ddwy blaid?

ARTHUR. Gwn, Ifor, mi wn ychydig o hanes yr ymraniad blin hwnw; ac mi a'i heglaraf i ti mor fyr ag y medraf. Cyn y gellir cael golwg glir ar achos yr ymraniad, rhaid myned mor bell yn ol â'r flwyddyn 1400, sef 51 o flynyddau cyn cynnaliad Eisteddfod Gyntaf Caerfyrddin. Ar yr 20fed o Fedi, 1400, y cyhoeddodd Owen Glyndwr ei hun yn Dywysog Cymru, ac y chwyfiwyd baner "Y Ddraig Goch" gan ei bleidwyr, i ddechreu yr ymdrechfa fawr (ond ofer) hono a wnaeth ein cyd-genedl am eu hannibyniaeth. Yn yr ymdrechfa hono cododd trigolion Morganwg fel un gwr o blaid Owen Glyndwr; ac yr oedd yntau yn hoff iawn o honynt. Yn yr amseroedd terfysglyd a ganlynasant y cyhoeddiad hwnw o eiddo Owen, arferai Beirdd Morganwg eu holl ddylanwad i hyrwyddo ei achos, fel y daeth yntau yn noddydd gwresog i lenyddiaeth. Dan ei nawdd ef y cynnaliwyd Eisteddfod Fawreddog Mynachlog Penrhys, yn Nghwm Rhondda, yr hon Fynachlog a dynwyd i lawr yn y flwyddyn 1414, a gwerthwyd ei chyfoeth gan Harri V., am fod Beirdd Morganwg yn bleidiol i Owen Glyndwr. Hefyd, yn ychwanegol at hyn, cyhoeddwyd gwaharddiad i gynnal unrhyw Eisteddfod yn Nghymru heb ganiatâd y brenin. Bu ein gwlad yr amser hwnw tua deugain mlynedd heb un Eisteddfod. Lladin a Ffrengaeg ddysgid yn y Mynachlogau a'r ysgolion. Ni efrydid y Mesurau a'r Cynghaneddion gan nemawr yn y wlad, nes yr aeth Rheolau Barddoniaeth Gymreig braidd yn annghof. Etto yr oedd ambell un hwnt ac yma (yn enwedig Beirdd Tir Iarll,) yn ymarfer ychydig â hwynt, er fod gorchymmyn y brenin yn eu gwahardd. Pa fodd bynag, tua'r flwyddyn 1450, aeth Llawdden Fardd, Offeiriad Machynlleth, yr hwn oedd enedigol o Landilo Talybont yn Morganwg, i dalu ymweliad â'i gâr Gruffydd ab Nicolas, tadcu Syr Rhys ab Thomas, i Abermarlais, yn Ystrad Tywi. Tra yr oedd efe yno daeth clerwr (cardotyn) heibio dan yr enw bardd, a chanddo gân Seisnig, yr hon a roed i Llawdden i'w darllen, pryd y cyfansoddodd yr Englyn hwn:—

"Pob gair cras, diras, pob Dyri—goegiaith,
　Pob gogan a bryntni;
　Pob drewdod, pob direidi,
　Ei gludo wnaed i'n gwlad ni."

Yna gofynodd Gruffydd pa fodd y gellid gwella hyn; ac atebodd Llawdden mai trwy gynnal Eisteddfodau fel cynt, er adnewyddu hen Wybodau Cerdd Dafod y Cymry, &c. Yna cyfeiriodd Gruffydd at waharddiad y Llywodraeth; ond dadleuai Llawdden y rhoddid caniatâd, pe buasai gŵr o urddas Gruffydd yn gofyn am hyny. Yn ganlynol i hyn, apeliodd G. ap Nicolas at Harri VI am ganiatâd i gynnal Eisteddfod, a llwyddodd yn ei gais. Yna gwnaed yn hyspys trwy holl Gymru fod Eisteddfod i gael ei chynnal yn Nghaerfyrddin yn 1451, dan nawdd Gruffydd ab Nicolas, o Ddinefwr. Daeth lluaws o feirdd De a Gogledd i'r Eisteddfod hono, ac yn eu plith Dafydd ab Edmwnd, yr hwn oedd foneddwr dysgedig yn byw ar ei dir ei hun, yn Mhwll Gweppra, yn Ngwynedd; a Llawdden Fardd, yn nghyd â Gwilym Tew, athraw cadeiriog, a Phencerdd Cadair Morganwg. Yn yr Eisteddfod hono cynnygiwyd gwobr o gadair arian am y Dosparthiad Goreu ar y Mesurau, a dyfarnwyd hi i Dafydd ab Edmwnd.[*] Er fod dysgedigion penaf y wlad

[*] Wrth gadarnhau Dosparth D. ab Edmwnd yn Eisteddfod Caerwys, yn 1524, hyspyswyd mai yn Ail Eisteddfod Caerfyrddin, yr hon a gynnaliwyd yn 1451, y trefnodd efe ei Ddosparth.

erbyn hyn yn barnu ei Ddosparth ef yn glytwaith annghelfydd, etto yr wyf yn barnu fod gormod o feio wedi bod arno. Pan ystyriom fod y wlad wedi bod am ddeugain mlynedd heb Eisteddfod, a hyny dan waharddiad y brenin, a bod gwybodaeth o'r Mesurau wedi ei golli braidd o'r tir, yr hyn sydd yn rhyfedd i mi yw, ei fod wedi trefnu cystal Dosparth. Un daioni neillduol a ddeilliodd o ffurfiad Dosparth D. ab Edmwnd oedd symbylu beirdd Morganwg i gasglu a threfnu yr Hen Ddosparth, fel ei gwelir yn *Nghyfrinach y Beirdd*. Os oes rhywrai i'w beio, yr wyf yn meddwl mai Tudur Aled, nai D. ab Edmwnd, a Simwnt Fychan, ei ddysgybl, ddylid feio, am gadarnhau a glynu wrth Ddosparth Caerfyrddin yn Eisteddfodau Caerwys, yn 1524 a 1568, a hyny ar ol cael trefn ar yr Hen Ddosparth. Yn awr, ti weli bellach beth fu achos yr ymraniad,—sef ffurfiad Dosparth D. ab Edmwnd ar y Mesurau—y Dosparth hwnw yn cael ei gymmeradwyo gan y mwyafrif yn Nghaerfyrddin—beirdd Morganwg yn gwrthdystio yn ei erbyn, yna yn trefnu a glynu wrth yr Hen Fesurau—tra beirdd Gwynedd yn dewis a glynu wrth y Dosparthiad Newydd.

I. Yr wyf yn ddiolchgar i ti am yr eglurhad hwn ar ddechreuad y Ddau Ddosparth, neu yn hytrach ar achos yr ymraniad; a chyn myned yn mhellach, mi garwn gael gwybod a ddarfu i D. ab Edmwnd wneyd rhyw gyfnewidiad ar y Cynghaneddion.

A. Naddo; ond yn yr un Eisteddfod ag yr enillodd efe y wobr am y Dosparthiad goreu ar y Mesurau, rhoddwyd gwobr arall, sef *Bwyell Aur*, am y Trefniad goreu ar y Cynghaneddion, yr hon a enillwyd gan Llawdden; ac o hyny allan aeth yn ddiareb, pan welid gorchest ar Gerdd Dafod, fod arni—

"Ol bwyell Llawdden."

Llawdden a drefnodd y rheol o barth y Gwant a'r Rhagwant mewn Toddaid, ac a waharddodd ddefnyddio y Gynghanedd Bengoll, neu Gyrch Gynghanedd, yn mhobman ond mewn Toddaid Byr ar ddechreu Englyn, &c.

I. Yn wir, yr wyf yn teimlo cryn ddyddordeb yn ngweithrediadau yr hen feirdd, a charaswn wybod pa fodd y bu ar ol Eisteddfod yr Ymrafael; ond gan mai fy mhrif amcan yn awr yw dysgu y *Rheolau*, ac nid olrhain hanes, yr wyf yn barnu mai gwell i ni fydd ymwneyd yn fwy uniongyrchol â'r Mesurau, gan ddechreu gyda Dosparth Morganwg.

A. Diau dy fod yn barnu yn gywir, mai y ffordd oreu fydd i ni ddechreu gyda yr Hen Ddosparth, oblegyd bydd deall y *rhyddid* a berthyn iddo yn fantais i ti weled y *caethiwed* sy'n nodweddu Dosparth Caerfyrddin.

DOSPARTH MORGANWG.

Ifor. Beth sydd i'w ddeall wrth yr enw "Pedwar Mesur ar Hugain" yn ol yr Hen Ddosparth?

Arthur. Pedwar Ansawdd ar Hugain ar Gerdd ydynt, yn cael eu gwneyd i fyny o Naw Gorchan a Phymtheg Adlaw.

I. Beth, beth? Naw Gorchan! Beth yn enw'r anwyl sydd i'w ddeall wrth yr enw Gorchan yma?

A. Gor-gân, neu Brif-gân. Tuag at i ti ddeall hyn yn eglurach, gwell dy hyspysu mai dim ond *Naw Mesur* oedd mewn ymarferiad gan feirdd y cynoesau, y rhai a elwir Gorchanau, sef Naw Cyff Cerdd Dafod, neu y Naw Mesur Gwreiddiol.

I. Beth yw yr Adlawiaid y soni am danynt?

A. Ystyrir y Naw Gorchan yn brif fesurau, a'r Adlawiaid yn fesurau israddol iddynt, neu gangenau yn tyfu allan o'r Cyffiaid Gorchanol, a'r cwbl yn gwneyd i fyny Bedwar Ansawdd ar Hugain.

I. Yr wyf yn deall bellach i raddau beth yw Gorchanau ac Adlawiaid; ond pe bawn yn eu gweled nis gallwn eu gwahaniaethu y naill oddiwrth y llall, ac felly yr wyf am gael ychwaneg nâ hyn o eglurhad arnynt.

A. Dim ond i ti fod ychydig yn amyneddgar, mi a egluraf y pethau hyn i ti goreu gallaf; ond tuag at i ni fod yn drefnus, y mae yn ofynol i ni sylwi ar rai pethau cyn manylu ar y Gorchanau a'r Adlawiaid.

Y CYHYDEDDAU.

Ifor. Beth yw Cyhydedd, Arthur?

Arthur. Cyhydedd yw hyd llinell mewn sillau; ac y mae i bob un o'r Naw Gorchan y buom yn son am danynt ei Chyhydedd neillduol ei hun. Felly, ti weli yn eglur mai Naw Cyhydedd reolaidd sydd; ond yn ychwanegol at y rhai hyn, y mae rhai a elwir yn Ofer Golofnau, neu Ofer Gyhydeddau, sef llinellau tri sill, a rhai 13 a 14 o sillau.

I. Yn awr, ynte, eglura y rhai rheolaidd.

A. Dyma hwy, yn nghyd â'u henwau:—

  1. Y Gyhydedd Fer   yn 4 sill.
  2. Y Gyhydedd Gaeth ,, 5 ,,
  3. Y Gyhydedd Drosgl ,, 6 ,,
  4. Y Gyhydedd Lefn   ,, 7 ,,
  5. Y Gyhydedd Wastad ,, 8 ,,
  6. Y Gyhydedd Draws ,, 9 ,,
  7. Y Gyhydedd Wen   ,, 10 ,,
  8. Y Gyhydedd Laes   ,, 11 ,,
  9. Y Gyhydedd Hir   ,, 12 ,,

Dyna nifer ac enwau y Cyhydeddau yn briodol, ac y mae pob un o honynt yn perthyn yn neillduol i'w Gorchan ei hun. Wrth sylwi yn fanylach ar y Gorchanau, barnwyf mai manteisiol i dy gof di fydd gadael enwau y Cyhydeddau o'r neilldu, a chyfrif y sillau yn unig; er enghraifft, yn lle dweyd *Gorchan y Gyhydedd Fer* dywedwn *Gorchan Pedwarsill*, ac felly am yr oll o'r Gorchanau.

I. Yr wyf yn hoffi y cynllun hwn, oblegyd bydd yn eglurach i mi. Yn awr, os wyf yn deall pethau yn gywir, y mae pob un o'r Cyhydeddau yn cynnwys y nifer o sillau sydd i fod mewn llinell yn y Gorchan y perthyna iddi.

A. Yr wyt yn eithaf cywir, felly y mae; ac y mae pob llinell mewn Gorchan i fod yr un hyd, fel y cawn weled etto.

I. Wel, beth am yr Ofer Gyhydeddau? I ba fesurau y maent hwy yn perthyn?

A. I'r Adlawiaid; ond ni chymmeradwyir llunio pennill cyfan ar un o honynt, am fod yr un drisill yn rhy fer i gyfleu synwyr ynddi, a'r llall yn rhy glogyrnog a thrwsgl; ond caniateir eu defnyddio yn gymmysg â Chyhydeddau ereill.

Y GORCHANAU.

IFOR. Yn awr, Arthur, ar ol cael dy eglurhad ar y gwahanol Gyhydeddau, yr wyf am gael ychwaneg o oleuni genyt ar y Gorchanau, sef y Prif Fesurau.

ARTHUR. Mae'r Gorchanau yn gwahaniaethu o ran rhif eu sillau o 4 hyd 12. Nôd neillduol yn perthyn i bennill pob Gorchan yw ei fod yn unodl drwyddo. Barna rhai yn wahanol i hyn, ond dyna oedd arferiad Taliesin, Llywarch Hen, &c.

I. Yr wyf yn cofio fy mod wedi darllen amryw ddarnau o waith yr Hen Feirdd, ac y maent, fel y dywedi, yn unodl drwyddynt. Yn awr, gad i mi gael ychydig enghreifftiau o bennillion y Gorchanau, oblegyd trwy enghreifftiau y deallaf hwynt oreu.

A. O'r goreu, ni a ddechreuwn arnynt bellach ar unwaith; a digon priodol, feddyliwyf, fyddai defnyddio y gair *Mesur* yn lle *Gorchan*, gan ei fod yn fwy sathredig; ond rhag i ni dramgwyddo neb, ni a ddefnyddiwn yr hen enw, gan gymmeryd yn ganiatâol dy fod yn deall mai yr un peth sydd i'w feddwl wrth yr enw Gorchan â Mesur.

I. Mi gofiaf hyny bellach, er y buasai yn well genyf fi ddefnyddio yr enw Mesur; ond cymmer di dy lwybr dy hun.

I. GORCHAN PEDWARSILL.

ARTHUR. Hyd pennill yn y mesur hwn yw o bedair i wyth llinell; ond *caniateir* gwneyd rhai yn hwy, er nad yw hyny yn flasus, am fod yr odlau yn dygwydd mor aml. Dyma enghraifft:—

PEDRYFAN.

1.	2.
Ferch, mi'th serchais,	Myn fi'n briod,
Gwir mi'th gerais,	Eneth wiwnod,
A 'mhoen i'm hais	Yn nawdd a nôd
Beunydd boenais.	Rhwymau'r ammod.

Dafydd Llwyd Matthew.

Dyma enghraifft wythban o waith un o feirdd yr oes hon:—

Dyred dirion	Nawf ar Neifion,
Hoenus hinon,	Chwil uchelion;
Hilia hylon	Wi! hardd yw hon,
Urdd arwyddion:	Enaid union.

Myrddin Fardd o Leyn, i'r Gwanwyn, 1860.

IFOR. Yn awr, Arthur, nid wyf yn gweled y byddai o un dyben i mi i ofyn llawer o ofyniadau mewn cysylltiad â'r prif fesurau yma; o ganlyniad, dos yn dy flaen i'w hegluro fel ag wyt wedi dechreu, ac mi wrandawaf finau.

A. O'r goreu, Ifor, mi wnaf.

II. GORCHAN PUMSILL.

Yr un rheol sy'n llywodraethu y Mesur hwn â'r un blaenorol, gyda golwg ar hyd y pennillion, sef o bedair hyd wyth llinell; ond y mae pump sill yn mhob llinell yn y mesur hwn, ac yn cydodli trwy y pennill. Dyma ychydig enghreifftiau:—

PEDRYFAN.

Yr hwyl ddadroliwyd,
Y llong ollyngwyd,
I wâr llif mor llwyd,
A'i dewrwaith dorwyd.—*D.W.*

PENNILL CHWEBAN.

Hen Walia heulog,
A'i dolydd deiliog,
A llethrau llithrog
Ei bryniau brwynog;
Rhoi cân i'w glân glog
Sy orchwyl serchog.—*D.M.*

PENNILL WYTHBAN.

Y bore'n burion,
'E ddaw'r cerddorion,

Yn llawn dillynion,
A'u cain accenion:
O'u tanau tynion,
Emynau mwynion,
Wrth ddeddf lleddf a llon,
Hwyliant i'r galon.—*D.M.*

III. GORCHAN CHWESILL.

Mae pob pennill yn y mesur hwn i fod yn unodl ei linellau, chwe sill yn mhob llinell, ac o bedair i wyth llinell yn y pennill, megys:—

PENNILL PEDRYFAN.

Harddu gwlad â gwyrdd glog
Wna gwenith eginog;
A dyddan yw cân côg
O'i gadair hardd goediog.—*D.M.*

PENNILL CHWEBAN.

Gwanwyn ar dwyn tr do,
Dien yw'n blodeuo;
Y gwair yn blaguro,
Dolydd gwlad yn deilio,
Gwisg lâs ar y frâs fro,
Harddwch Mai'n ei hurddo.
    Edward Dafydd o Fargam.

PENNILL WYTHBAN.
(*Ar ddull Cywydd.*)

Gloywder gwlad wyt, Gwladys,
Wen dy law yn dy lys,
Eneth lana'r Ynys;
Ar fyr dro rho i Rys
Allwedd dy ewyllys;
Wyf fab rydd gyda brys,
Yr hygar aur wregys,
Er dy fwyn ar dy fys.—*D.M.*

Cyn myned yn mhellach, buddiol yw dweyd ychydig eiriau am y tri mesur sydd wedi bod dan sylw. Gelwir y rhai hyn *Y Mân Golofnau*. Nid cymmeradwy yw llunio pennill dan bedair llinell ar un o'r rhai hyn, rhag i'r clust fethu dal yr odlau, gan eu bod yn dygwydd mor aml. Hefyd, nid da fod pennill arnynt yn hwy nag wyth llinell, rhag i'r clust flino ar odlau unol yn dilyn eu gilydd mor fuan; ac nis gellir cynnal synwyr arnynt yn hir ychwaith, am fod y llinellau can fyred, heblaw bod melusder y ganiadaeth yn cael ei golli. Ychydig o ganu sydd wedi bod ar y Mesurau hyn yn eu dull gwreiddiol Gorchanaidd, gan feirdd hen na diweddar; ond wedi perffeithio y Cynghaneddion ac ychwanegu yr Adlawiaid, arferir y Mân Golofnau yn nglyn â Mesurau ereill, megys Hyppynt, &c.; ac yn y dull hwnw y gwneir y defnydd goreu o honynt.

IV. GORCHAN SEITHSILL.

Nôd angen y Mesur hwn yw bod hyd y llinellau yn seithsill—hyd y pennill o bedair i ddeuddeg llinell, neu y rhif a fynir, ac yn sydodli. Dylid gofalu am amrywio yr accenion, yn enwedig ar linellau disgynedig, er mwyn melusu'r gerdd; a gwell peidio myned â phennill dros ddeuddeg llinell, rhag blino'r clust â gormod unodlau. Mae amryw o'r Adlawiaid wedi tyfu o'r mesur hwn, megys Cywydd, Tribanau, Proestiaid, &c.; a bu o ddefnydd mawr i D. ab Edmwnd i ffurfio agos hanner ei Ddosbarth.

PENNILL PEDRYFAN DISGYNEDIG.

Y dewisol dywysog,
Orddyrchir yn ardderchog,
I'w orsedd aur fawreddog,
Yn wr anwyl coronog. —*D.M.*

ARALL DYRCHAFEDIG.

Un yw Duw â'i enw'n dân,
A hir gledd yw ei air glân,
Ar ddrwg yn dwyn gwg a gwân,
Dros ddaiar glawr, mawr a mân.
Edward Dafydd.

PENNILL CHWEBAN AMRYFAL ACCEN.

Y lledryw ddiwyllodraeth
A fu gynt, yn fywiog aeth
I hwylio moddion helaeth,
I'n lloni oll â lluniaeth
A'n dwyn o'r mawr ddrudaniaeth—
O na b'ai gwell—ni bu gwaeth.
Gwallter Mechain.

Nid oes angen ychwanegu enghreifftian, dim ond cofio fod hawl i wneyd pennill yn bedair, chwech, wyth, deg, neu ddeuddeg llinell.

V. GORCHAN WYTHSILL.

Nôd angen y mesur hwn yw bod y llinellau yn wythsill, unodlog, ac hyd y pennill o bedair hyd un-ar-bymtheg o linellau.

PENNILL PEDRYFAN.

Fe wel y call y gwall fel gwedd,
A char dduwiolder lanber wledd,
Tramwya'n hardd lle try mewn hedd,
I dir y byw a drwy dŷ'r bedd.
Morgan ab Ifan.

PENNILL DEGBAN,
Yn cynnwys y gynghanedd a elwir *Y Gadwyn Orchestol.*

Clywais adlais odlau *cynnar,*
Canu odiaeth cywion *adar,*
Nodais glasliw glwyslwyn *hygar,*
Agwedd hoyw-werdd hug y *ddaiar;*
Oedd awen lifaidd win-lafar
Gan y fronfraith awenwaith wâr;
Iriaith harddwaith hirddydd *claiar,*
Clywer bob dydd ar wydd tir âr;
A glyw droadau'r gloyw drydar,
Oll o'i galon oyll y galar.
Charles Bwttwn, Ysw.

Fe welir wrth yr enghraifft hon y gall y cyfansoddwr orphen y llinellau yn unsill neu luossill, fel y byddo yn ateb oreu iddo.

VI. GORCHAN NAWSILL.

Rhydd yw llunio pennillion ar y Mesur hwn yn gwahaniaethu o bedair i un-ar-bymtheg o linellau. Pennill Pedryfan ar y Mesur hwn yw *Cyhydedd Nawban* Dosparth D. ab Edmwnd; ond nid *naw ban* yw, ond *pedwar ban* nawsill yr un. Arferir cryn lawer ar y mesur hwn gan feirdd yr oes bresenol. Dyma ychydig enghreifftiau:—

PENNILL PEDRYFAN.

Gorgurai foddion gwir grefyddus,
Ac iawn ddyferion cân ddifyrus;
A gwnai awelon y gân hwylus
Ei anian dirion yn hyderus.
R. Ddu Eryri, Marwnad Eben Fardd.

PENNILL CHWEBAN.

Hon a "rodia" yn ei hanrhydedd
Ar y dylif; mae hyfrydoledd
A llon orhoen yn llenwi'r annedd;
Tyngai Naf y mwynheir tangnefedd,
Na cheir gweled nych oer a gwaeledd
Yn ei da awyr hyd y diwedd.
Parch. R. Thomas (Ap Vychan) i'r Arch.

PENNILL DEUDDEGBAN.

Hoff gan yr wyn ar ael twyn, le teg,
Bori meillion y glasdon glwysdeg;
Hoff gan fynyn gwâr hydyn redeg
I bori brig fr llwyndir llawndeg;
Ar gain areulbarth hoff gan wartheg
Y gleision weunydd glwysion waneg;
Hoff gan inau doriadau rhywdeg
Yr awen eurdon i'w rhin wârdeg;
A llef eglurdon a llif glaerdeg
Y gân radol fal gwin i redeg;
Iaith awen hydardd a'i thôn hoywdeg,
O chaf, ni chwynaf am ychwaneg.
Dafydd Williams o Benllin, sef Dafydd o'r Nant.

VII. GORCHAN DEGSILL.

Y rheol gyda golwg ar y mesur hwn yw bod y llinellau yn ddegsill yr un, a'r pennill o bedair i un-ar-bymtheg o linellau, ac yn cydodli. A'r mesur hwn y cyssylltir y Toddaid Hir fynychaf, er gwneyd Hir a Thoddaid. Arferid y mesur hwn a'r un unsill-ar-ddeg bob yn ail linell gan rai o feirdd yr oes o'r blaen, ond nid yw mor reolaidd fel Gorchan felly. Dyma ychydig enghreifftiau :—

PENNILL PEDRYFAN.

Hyodla'th hanes o'r dalaeth hono,	10
Roes ini'n T'wysog enwog sy'n huno;	10
Pa dlysineb hudolus sy yno?	10
A pha ryw addysg sy'n ei phureiddio?	10

Emrys, Marwnad Albert Dda.

PENNILL CHWEBAN.

Ië, caled iawn oedd cael deunyddiau,	10
I law ieuanged gael gwneyd mân longau;	10
'Rwy'n cofio'n burion helynt un borau,	10
A hyn fu chwerwedd penaf y chwarau,	10
Pan dorai'm chwaer fach ddau o gadachau	10
Ein hewythr Rolant i wneuthur hwyliau.	10

J. Ceiriog Hughes, Awdl y Môr.

PENNILL PEDWAR-BAN-AR-DDEG.

Hoenus yw gweled yr hen Ysgolion,	10
A adeiladwyd er cynt i dlodion,	10
Wedi 'u helaethu'n briodol weithion,	10
A phlant yr ardal yn cael o faelion	10

Byd o addysg, a phrif wybodyddion 10
Heddyw i'w tywys i'w phorfeydd tewion, 10
Ac i luaws o ffynonau gloywon; 10
A phwy wyr hefyd na chwyd rhwng llwydion 10
Fynyddoedd Dowlais wiwgais enwogion, 10
O werth a natur Wordsworth a Newton, 10
Fuller a Baxter, neu Guest a Buxton, 10
Neu rai enwog eilchwyl i droi'n nghylchon 10
Swyddau uchel, canys hyn sy ddichon, 10
Mae'r gwiw elfenau a'r doniau'n dynion. 10

Dewi Wyn o Essyllt, Marw. Syr J. J. Guest.

VIII. GORCHAN UNSILL-AR-DDEG.

Gellir amrywio hyd pennill ar y mesur hwn o bedair i un-ar-bymtheg neu ugain o linellau, yn unsill-ar-ddeg yr un, ac yn cydodli. Ychydig ddefnyddir ar y mesur hwn gan feirdd yr oes hon, er ei fod yn un o'r mesurau goreu am ryddid i'r awen.

PENNILL PEDRYFAN.

Am Oronwy Owain trwm yw y newydd, 11
Sy gredadwy, goeliadwy drwy y gwledydd; 11
Y gair du yn benaf a gredwn beunydd, 11
Heddyw marwol ydyw y mawr wyliedydd. 11

Dewi Wyn o Eifion, Marw. Gor. Owain.

PENNILL DEGBAN.

Rhwyga'r mellt fflachiog gymmalog gymmylau,
A rhuawg odwrdd yw swn y rhwygiadau,—
Swn fel berw gorwyllt rhyw hydrwyllt raiadrau,
Ië, fel hagrawl dwrdd mil o gyflegrau,
Yw twrw hynod a chroch y taranau
O fewn eu llysoedd, yn anfwyn eu lleisiau;
Eu bloedd o'r wybrenoedd ddyrgryna'r bryniau,
Hyd ddwfn waelodion iselion eu seiliau;
A braw yn aethus ga yr wybren hithau,
Ac wyla'n rhydd gafodydd ei gofidiau.—*D.M.*

IX. GORCHAN DEUDDEG SILL,

Rhydd yw llunio pennill ar y mesur hwn o bedair hyd ugain o linellau, yn ddeuddeg sill yr un, ac yn cydodli. Caniataol hefyd yw arfer hwn a'r un blaenorol bob yn ail linell. Mesur rhagorol ydyw i ddysgrifio y mawreddog, yr aruthrol, a'r hanesiol, am ei fod mor fanteisiol i gynnal synwyr arno. Mae lluaws ó enghreifftiau gorchestol i'w cael o'r mesur hwn, er mai ychydig o feirdd yr oes hon sydd yn ei arfer.

PENNILL PEDRYFAN.
Aur ddorau y dwyrain yn gywrain agorant,
A'r sêr i'r cysgodion yn flinion ddiflanant;
Daw'r huan i'r entrych a'i geinwych ogoniant,
A gwelir holl anian yn gloywi er lloniant.—*D.M.*

PENNILL WYTHBAN.
Y nefoedd a'r ddaear yn gynnar iawn ganant,
A thyrfa o filoedd ar filoedd ry foliant
I Dduw a'i fawr allu;—gwiw ganu gogoniant
Yn hoyw unolblaid a wna ei anwylblant:
O! brwd yw ei ddeiliaid mewn ysbryd addoliant,
Mewn anthem ddigymhar yn llafar iawn llefant,—
Yr wybren goronog a'r bryniau a grynant,
Gan sain y carolau, gan swn y côralwant.
Talhaiarn, Marw. Albert Dda.

Wele etto Awdl Gorchan ar y mesur hwn, a ganodd Dafydd o'r Nant er dysgu y gynghanedd a elwir Y Gadwyn Orchestol. Gwelir fod diwedd y llinell flaenaf yn cynghaneddu â dechreu yr ail, ac felly yn canlyn trwy y pennill; tra y mae rhanau canol pob llinell yn cynghaneddu hefyd, fel y gwelir wrth y geiriau mewn llythyrenau *Italaidd*; ac y mae cyrch odl o'r naill bennill i'r llall hefyd.

Er *ffrill* adar *Ebrill* yn *ebrwydd* y CODAIS,
I'r OOEDYDD ar afron tir hyfryd YMDEITHIAIS;
I'M DETHOL fyfyrdod oferdyb ni LUNIAIS
Ar LENYRCH y glasgoed, ond glasgerdd a BRYDAIS;
BWRIADAU gwir awen, goreuwaith FY NYFAIS,
A NWYFAU'N y galon, ag alaeth i'm DWYAIS;
Y DIWYD accenion i'm caniad ERLYNAIS
LAWENYDD diofal i'm cynnal amcenais.

Ystyriais y byd a'm gwybodus fEDDYLIAU;
EIDDILWCH llaweroedd llu arall mewn POENAU;
Nid PENNOD y llawen yw lliwio BWRIADAU,
A BRYDWAITH ystyrbwyll naws durbwynt DAMWEINIAU;
DYMUNAIS holl anian llawenydd i'm GENAU,
A GWINIAITH yr awen a'i rhywiog WEADAU;
Ac ADWYTH i'm mynwes, er myned EI CHWEDLAU;
OCH! ADLAIS bron glaf, ac ni chwarddaf o'i cherddau.

Meddyliau gwyr ifaingc digrefydd, EWCH YMAITH,
A'CH AMHWYLL diofal, a'ch difudd OFERWAITH;
O FWRIAD y galon hawdd gweled YR EFFAITH,
Er HOFFED un dydd, enyd oer a DDAW EILWAITH;

Hir DDOLUR *yw diwedd a dial* YNFYDWAITH,
NI FEDIR y *gwenith* ar *ganol* TIR DIFFAITH;
TRAED HOFFWN *amynedd* sy'n *myned* AT OBAITH,
A'R TYBIAU'n *tawelu'n llonyddu'n llawn heddiaith.*

Dyna i ti bellach fras olwg ar y Naw Gorchan, Ifor, a dim ond i ti efrydu yr enghreifftiau hyn, gelli gyfansoddi Gorchanau dy hun, gan dy fod wedi dysgu cynghaneddu.

IFOR. Yr wyf yn gweled campwaith celfyddydol yn Awdl Dafydd o'r Nant, a gwyn fyd pe gallwn wneyd rhywbeth tebyg. Pa fodd bynag, yr wyf am gael gair o eglurhad pellach ar y Gorchanau yma. Yn yr enghreifftiau wyt wedi roddi y mae pob pennill yn unodl drwyddo, ac yr wyf fi yn barnu fod hyny yn gryn anfantais i gyfansoddwr, na fyddai at ei ryddid i newid yr odlau bob yn ail ddwy linell: a ellir dim gwneyd hyn, tybed?

A. Na ellir, mewn pennill Gorchan; a'r unig fantais sydd gan gyfansoddwr wrth eu gwneyd yw llunio pennill byr, os bydd yn methu cael geiriau priodol i'w gosod yn brifodlau mewn pennill hir. Dyna yr anfantais oedd gan yr hen feirdd cyn ffurfio yr Adlawiaid,—nid oedd ond y Naw Gorchan ganddynt i ddewis o honynt; ond bellach y mae Pymtheg Cangen wedi tyfu ar y Naw Gorchan, nes yw y cwbl yn *Bedwar Ansawdd ar Hugain*; ac yn ychwanegol at hyn, y mae lluaws o *fân gangau* wedi tyfu oddiar y prif rai, fel y mae y manteision i'r cyfansoddydd yn aneirif braidd erbyn hyn: ond y mae cynghanedd yn elfen hanfodol i'r Adlawiaid fel i'r Gorchanau.

I. Yn awr, ynte, er mwyn i mi gael golwg ar yr Adlawiaid, beth pe baet yn myned yn bwyllog dros y rhai hyny etto, fel yr aethost dros y Gorchanau, gan egluro eu rheolau wrth fyned yn mlaen.

A. O'r goreu, Ifor, mi wnaf.

YR ADLAWIAID.

Y Pymtheg Adlaw, neu y mesurau sydd wedi eu hychwanegu at y Naw Gorchan, ac wedi tyfu o honynt, ydynt y rhai canlynol:—

1. *Traithodyn.*
2. *Triban Milwr.*
3. *Triban Morganwg.*
4. *Toddaid,* Byr a Hir.
5. *Englyn,*—amrywiol fathau.
6. *Cywydd.*
7. *Proest Cyfnewidiog,* ar y Gyhydedd a fynir.

8. *Proest Cadwynodl.*
9. *Colofn Prydain,* neu'r *Gyhydedd Gyrch.*
10. *Cadwyn Gyrch.*
11. *Clogyrnach.*
12. *Llamgyrch,* neu *Awdl Ddwybig.*
13. *Hyppynt, Llostodyn,* neu'r *Golofn Fraith.*
14. *Cynghawg.*
15. *Dyrif,* neu *Garol.*

Yn awr, mi af dros y rhai hyn bob yn un, gan egluro ychydig goreu gallaf arnynt wrth fyned yn mlaen. Gwn fod eu trefniant yma yn wahanol i'r hyn ydynt mewn llyfrau ereill, ond y mae genyf reswm boddhaol i mi fy hun dros wahaniaethu. Hyny yw, bernir Traithodyn, Triban Milwr, &c., yn fwy urddasol ac yn burach nâ'r lleill; ac heblaw hyny, y maent yn hawddach eu deall a'u llunio.

I. TRAITHODYN.

Gellir cyfansoddi Traithodyn ar yr un a fynir o'r Cyhyddeddau o'r wythsill hyd y deuddeg. Mae'r llinellau i odli yn gyplau, fel Cywydd; ond gellir gorphen cyplau Traithodyn yn unsill, neu luossill, neu ynte unsill a lluossill yn nghyd, yn ol fel y daw oreu. Ni ddylai dau gwpl nesaf i'w gilydd fod ar yr un odl, ond gellir defnyddio yr unrhyw odlau ond cael odlau gwahanol rhyngddynt. Goddefir mewn Traithodyn i ambell linell fod yn fyrach neu yn hwy nâ'r lleill o sill neu ddau, er mwyn cadw y synwyr; ac os bydd angen gellir myned â llinell dros ddeuddeg sill. Rhyddid arall sydd yn perthyn iddo, medd rhai, yw caniatau i linellau cwpl fod o wahanol hyd, megys wythsill a nawsill, neu ddeg ac un-ar-ddeg, bob yn ail. Dyma ychydig enghreifftiau o Draithodyn:—

TRAITHODYN AR Y GYHYDEDD WYTHSILL.

Deuwch hoenus ddawnus ddynion,
Hygar hoywfeirdd a gwyryfon,
O un galon i iawn goledd
Geiriau anwyl y Gwirionedd;
Boed i dangnef, moes, a chrefydd,
A'u goludon lenwi'r gwledydd.—*D.M.*

Gellir dilyn y dull hwn trwy y gerdd, bydded fèr neu hir.

TRAITHODYN DEUDDEGSILL.

Gwlad Rhyddid yw Prydain, a mirain Em moroedd,
Hi daria yn iesin yn ben holl deyrnasoedd;
Yr eigion a'i donau yw muriau ei mawredd,
O ogylch yr Ynys, lliw gwyngalch eirianwedd:

Croch-ruo a *dotio*, crych chwareu o'i deutu,
Wna'r môr mawr murmurawl, a'i swynawl gusanu;
Dan hyfryd wên heulwen cofleidia'i anwylyd,
A'i hoen yn ddadhuddol, a'i wŷn yn ddedwyddyd;
Y hi yw ei feistres—ei llynges a'i llongau
Yn nwyfus a'i nofiant, adwaenant ei donau;
Castelli o haiarn yn gadarn a gwiwdeg,
Anwylant ei wyneb, a hwyliant ei waneg,
I noddi yr Ynys a'i nwyddau arianol,
A nerth a chadernid gwir Ryddid gwiwraddol.
Talhaiarn.

II. TRIBAN MILWR.

Bernir fod Triban Milwr can hyned a dyddiau y Derwyddon. Ystyr y gair Triban yw tair llinell, a phennill o dair llinell yw Triban Milwr; ond *cyrchir* llinell arall at y tair yn y mesur a elwir Triban Cyrch, neu Driban Morganwg, fel y cawn weled etto. Barnai yr hen feirdd y dylid cyfyngu Triban Milwr i dair Cyhydedd, sef y Saithsill, yr Wythsill, a'r Nawsill. Barna beirdd diweddarach y dylid rhoddi rhyddid i'r cyfansoddydd i ddewis y Gyhydedd a fyno, o saith hyd ddeuddeg sill. Caniateir i'r Triban fod naill ai yn unodl, fel Gorchan, neu yn Broestodl, neu ynte yn gymmysg o bob un o'r ddau. Mantais arall perthynol i Driban Milwr yw, y goddefir i'r llinellau fod yn annghyfunhyd—yn fyrach a hwy nâ'u gilydd o sill neu ddau. Yn awr, gan fod caniatad i gyfansoddi Triban Milwr ar yr un a fynir o'r Cyhyddeddau a enwwyd, mae yn amlwg y gellir gwneyd chwech math o honynt; ac yn fynych y mae yn hawddach gwneyd tair llinell nâ gwneyd pedair, yr hyn sydd yn gwneyd Triban yn rhwyddach nâ Gorchan.

IFOR. Yn wir, yr wyf yn gweled fod mantais fawr yn deilliaw o'r Adlawiaid eisoes. Yn awr, gad i mi gael ychydig enghreifftiau o Driban Milwr.

A. Dyma enghraifft ar y Gyhydedd Saithsill:—

Crist a'i Groes a roes wir hedd,
Trwy agoryd trugaredd,
I'w elyn yn ei waeledd.—D.M.

I. Aros, Arthur, yr wyf yn credu ei bod yn ddigon hawdd gwneyd Triban, ac y mae arnaf chwant treio. Beth am hwn?—

Y gyllell dyr y gollen
A dora galon derwen,
I'w hollti yn ddwy ddellten.

A. Y mae yn eithaf cywir. Dyma un Wythsill:—

    Y gynghanedd a fedd foddion
    I ddwyn gwaeledd o wan galon;
    Mae sain y nef yn ei llef llon.
                           Athan Fardd.

I. Yr wyf yn deall rheol Triban Milwr bellach, ond carwn gael ychwaneg o enghreifftiau.

A. Yn awr am danynt, ynte.

TRIBAN NAWSILL.

    Ha! trwy wybod Hen Fesur Triban,   9
    Nwyf fy awydd enyna'n fuan,   9
    I egnïo cofio y cyfan.   9

Neu yn annghyfunhyd, fel hyn:—

    Ha! trwy wybod Hen Fesur Triban,   9
    Ynwyf awydd enyna yn fuan   10
    I geisio cofio y cyfan.—D.M.   8

TRIBAN DEGSILL.

    Dygir i Hywel air ei deg rian,
    Ac ar ei gwefus caiff felus gusan,
    A hyny lona ei anwyl anian.—D.M.

TRIBAN UNSILL-AR-DDEG.

    Yn ei mawr gynnydd y gwena Morganwg,
    Arni edrycher—a gweler ei golwg,—
    Mae'n hoenus a holliach mewn masnach a mwg.
                                      D.M.

TRIBAN DEUDDEGSILL.

Ni chredir athrawiaeth Ion odiaeth eneidiau,
Ni choelir ei wir, ac ni chwilir ei eiriau;
Na'i gain iawnedd haeddfawr a gawn yn ei ddeddfau.
                         Edward Dafydd, o Fargam.

TRIBAN PROESTODL.

    Accen bêr yw cân y bardd,
    Gyda'r gôg ergydia'r gerdd,
    Hyd lwyndir y gweundir gwyrdd.
                               Cyf. y Beirdd.

UN CYMMYSG PROEST AC UNODL.

    Cwyraidd gaingc yw cerdd y gôg,
    Awen Mai dïen a'i dwg
    I ganu 'nghoed Morganwg.—*Cyf. y Beirdd.*

Os y dull olaf arferir, bydded y ddwy linell olaf yn unodl, ac nid y ddwy flaenaf. Wrth gyfansoddi rhes o Dribanau, rhydd yw i'r bardd newid yr odl a'r gyhydedd bob yn ail bennill, os myn.

III. TRIBAN MORGANWG.

IFOR. A oes enw arall ar y Mesur hwn?

ARTHUR. Gelwid ef gynt Triban y Myneich, Trybedd y Myneich, Triban Cyrch; ac yn Nosparth D. ab Edmwnd gelwir ef Englyn Unodl Gyrch; ond yr enw cyffredin arno yw Triban Morganwg; ac nid oes nôd Englyn yn perthyn iddo.

I. Yn awr, ynte, eglura ei deithi, a pha fodd y mae ei wneyd.

A. Er mai *Triban* y gelwir ef, etto y mae yn cynnwys pedair llinell. Hyd llinellau y Mesur hwn yw seithsill yr un— y ddwy flaenaf yn cydodli, un yn diweddu yn unsill a'r llall yn lluossill, neu ynte yn lluossill y ddwy; mae'r drydedd linell i odli yn wahanol, a'i diwedd yn cydodli â gorphwysfa y bedwaredd, yr hon sydd i ddiweddu yn unodl â'r ddwy flaenaf. Mae ffurf arall arno hefyd, sef proestio y ddwy linell flaenaf, a'u gorphen yn unsill; a'r bedwaredd linell yn gorphen yn lluossill, ac yn cydodli â'r ail. Mae rhai wedi canu yn y dull proestiol yma, a gorphen yr ail linell yn lluossill; ac ereill, trwy orphen y llinellau yn unsill i gyd: felly ti weli fod yma gryn ryddid yn oddefol.

I. Da ti, dyro ychydig enghreifftiau, oblegyd deallaf y rheol yn gynt o'r hanner felly.

A. Dyma y dull cyffredin:—

Fel hyn i derfyn y dydd,
Yn llawn i bob llawenydd,
Y ceir Babel uchel, lon,
Drwy hylon dêr heolydd.
Ieuan Glan Geirionydd.

DULL NEILLDUOL MORGANWG.

Hen Walia deg anwylwn,
A'i chyfoeth a ddyrchafwn,
Urddawl byth fo'n barddol bau,
A geiriau'n hiaith a garwn.—D.M.

Y DULL PROESTIOL.

Darniodd ar ffysg yn mysg mil,
Dyna bôr yn dwyn y bêl,
Dwyn cyrch y gwynt drwyddynt draw,
Dewr rwyfaw 'nghad a rhyfel.—*Gwilym Tew.*

ARALL, AC YN GORPHEN YN UNSILLOG.

Castell côg a deiliog do,
Caer ddiddos, cerdd ëos dda,
Cell bronfraith lân a'r gân goeth,
Neu geiliog doeth a'i glôg du.

Edward Dafydd, o Fargam.

IV. TODDAID.

IFOR. A ydyw Toddaid yn hen Fesur, Arthur?

ARTHUR. Mae dau fath o Doddaid, sef Toddaid Byr a Thoddaid Hir. Dywedir mai Taliesin gynlluniodd yr un Byr, a Geraint Fardd Glas yr un Hir; o ganlyniad, y mae y ddau yn hen.

I. Yn awr, ar ol cael awgrym am eu dechreuad, eglura y naill a'r llall o honynt i mi.

A. Er nad yw y naill na'r llall o honynt ond dwy linell, etto y mae cryn dipyn o waith egluro ar y rhai hyn. Dechreuwn ar

Y TODDAID BYR.

Fel y dywedwyd, cynnwysa ddwy linell, y cyntaf o honynt i fod yn ddegsill, a'r llall yn chwesill. Os mai Cynghanedd Sain fydd yn y llinell flaenaf, cynnwysa bedair rhan, sef Gwant, Rhagwant, Gobenydd, a Thoddaid—neu Gyrch.

I. Aros, aros, Arthur; dyna enwau na wn i yn y byd mawr beth ydynt; o ganlyniad, nis gallaf byth amgyffred rheol y Toddaid Byr heb ddeall beth yw Gwant, Rhagwant, &c.

A. Mi egluraf hyn i ti, ynte, cyn myned yn mhellach. Ti wyddost fod dwy sain unodl mewn llinell yn cynnwys y Gynghanedd Sain, cyn myned at y brifodl. Yn awr, er mwyn i ti ddeall yr enwau a nodwyd, cofia mai Gwant y gelwir y sain unodl flaenaf, a Rhagwant y gelwir yr ail; a'r un peth yw Gobenydd â phrifodl, sef diwedd llinell. Ar ol y Gobenydd gosodir y Toddaid, neu y Gair Cyrch. Yn awr, ynte, os mai y Gynghanedd Sain fydd mewn llinell flaenaf o Doddaid Byr, y rheol yw, fod yr ail sain unodl i fod ar y pumed sill; ond gall y sain unodl gyntaf fod ar yr un a fynir o'r pedwar sill blaenaf. Hefyd, gall hyd y llinell hyd at y Gobenydd fod o chwech i naw o sillau, a'r Toddaid i'w chwblhau yn ddegsill. Yr un yw y rheol *yn wreiddiol* o barth y Gwant a'r Rhagwant mewn Toddaid Hir, sef y dylai y Rhagwant fod ar y pumed sill; ond nid yw beirdd goreu yr oes hon yn cadw at y rheol, a goreu pa gyntaf y newidir hi gyda golwg ar y Toddaid Byr hefyd.

I. Ai y Gynghanedd Sain sydd i fod bob amser yn y llinell flaenaf mewn Toddaid Byr?

A. Nage; ond gellir gosod ynddi y Lusg, y Draws, neu y Groes, yn ogystal â'r Sain; eithr dim ond i'r Sain y perthyn y rheol a nodwyd. Y mae un peth etto ag angen ei egluro i ti gyda golwg ar y Toddaid; hyny yw, y mae iddo ddau ffurf, sef odlog, a chynghaneddol. Yn y ffurf flaenaf, y mae'r *Toddaid* yn cydodli â *gorphwysfa* yr ail linell, a phan fydd felly rhaid i'r ail linell gynnwys y Groes neu y Draws Gynghanedd; ond pan fydd y Toddaid, sef y Cyrch, yn cynghaneddu â rhan flaenaf yr ail linell, diwedda hono yn bengoll neu ddigynghanedd. Nid yw y Toddaid Byr byth yn cael ei arfer wrtho ei hun, ond bob amser yn nglyn â mesur arall, megys ar ddechreu neu ar ddiwedd Englyn— yn nglyn â Thoddaid Hir—i ddechreu a diweddu pennill yn y mesur a elwir Byr a Thoddaid, &c.

I. Bellach, dyro ychydig enghreifftiau, fel y gallwyf weled pa fath un ydyw.

A. Toddaid Byr ar ei ben ei hun sydd fel hyn, gyda chyrch awdl :—

Gwi*r* yw y gweli*r* gwaelod—y cwppan
Arian trwy y gwirod.—D.M.

Yn yr enghraifft hon, ti weli fod y sain unodl flaenaf ar y sill cyntaf, a'r ail ar y pumed, sef cymmal olaf y gair *gwelir*. Hefyd, y mae *cwppan*, sef y Toddaid, yn cydodli ag *Arian*, ac y mae *Arian* drachefn yn cynghaneddu â *gwirod*. Dyma enghraifft etto yn cynnwys y Gwant a'r Rhagwant, ond fod y Toddaid yn cyrchu cynghanedd yn lle odl:—

Gwlith ar y gwenith egingog,—a rydd
Y Wawr hoff yn wisg berlog.—D.M.

Ti weli fod y Toddaid *a rydd* yn cynghaneddau a *wawr hoff*, a diwedd yr ail linell yn ddigynghanedd. Dyma enghraifft etto heb y Gwant a'r Rhagwant :—

Hosana ar las onen—a seinir
Gan swynol Fwyalchen.—D.M.

TODDAID HIR.

IFOR. Yr wyf yn credu fy mod yn deall beth yw Toddaid Byr bellach; o ganlyniad, eglura i mi y Toddaid Hir etto.

ARTHUR. Cynnwysa hwn ddwy linell,—y flaenaf o'r ddwy i fod fel llinell flaenaf Toddaid Byr, ond rhaid i'r cyssylltiad sydd rhwng y Cyrch neu y *Toddaid* a'r ail linell fod bob amser yn Gyrchawdl; a gall yr ail linell fod yn nawsill neu yn ddegsill, fel y byddo yn taro oreu i'r cyfansoddydd. Yn awr, rhoddaf enghraifft neu ddwy, i ddangos fod y beirdd yn cymmeryd eu rhyddid gyda golwg ar y Gwant a'r Rhagwant mewn

Toddaid Hir, ac yr wyf yn methu deall paham na chaniateir yr un rhyddid mewn Toddaid Byr:—

> Ac hyd ly*soedd* ne*foedd* Naf—dyrch beunydd,
> Eu cân newydd am ffrwyth y cynhauaf.—*Hwfa Môn.*

> A siar*ad* am y wl*ad* lon—a diwall
> Sy o'r tu arall i'r ser tirion.—*Islwyn.*

Ar y chwechfed sill y mae y Rhagwant yn llinellau blaenaf y ddwy enghraifft hyn, ac nid ar y pumed.

I. A ydyw hynyna yn feius, ynte?

A. Nid wyf yn dweyd ei fod, ond honi wyf fi *na ddylid ei ystyried yn feius mewn Toddaid Byr ychwaith*, gan mai yr un rheol sydd iddynt yn wreiddiol.

I. Yn awr, yr wyf am gael gwybod a ydyw yn oddefol gosod Toddaid Hir wrtho ei hun mewn cyfansoddiad?

A. Ydyw, yn eithaf goddefol; ond mewn cyssylltiad â mesurau ereill y gosodir ef fynychaf. Dyma i ti ychydig enghreifftiau o'r dull yr arferir ef:—

TODDAID HIR WRTHO EI HUN.

> Albert Dda lwybrai at Ddysg—y Miloedd,
> Neud byddin oedd o du buddion Addysg.—*Islwyn.*

TODDAID BYR A HIR YN NGHYD.

> Enaid Stephan a daniwyd,—diliau nef
>   O'i delyn aur dynwyd:
> A'i dêr awen, pan dröwyd—at yr Ion
> Un o'i lofruddion, gan hwyl wefreiddiwyd.
> *Dr. Emlyn Jones.*

DAU DODDAID HIR YN NGHYD.

> Yn fur y caed drwy Fôr Coch—law gref Rhi,
> Er ys eofngri ymlidwyr safngroch;
> Hyf alon, er yn filoedd,—ag erch fraw
> Ef fynai daraw yn y dyfnderoedd.—*Tydfylyn.*

HYPPYNT A THODDAID HIR.

> Dygodd pechod farn a malldod
> Yn ei waelod ar ddynoliaeth;
> A dygwyd llygredigaeth—trueni
> Anmhura' weli trwm marwolaeth.—*Caledfryn.*

CYWYDD A THODDAID HIR.

> Rhyddhäwyd, gollyngwyd y llew,
> Ufel anllwfr felyn-llew,

> Cry' ei fwng, dig, crafangog,
> Gorruawg lais, garw ei glôg;
> Llew o goedwig Affrig oedd,—hen larpiwr
> Hyll ymherawdwr,—llew mawr ydoedd.—*Nicander.*

GORCHAN WYTHSILL PEDRYFAN A THODDAID HIR.

> Canys ef yn Nef nefoedd,
> Ydyw Brenin y Breninoedd,
> Awdwr, Llywiwr, holl alluoedd
> Thrônau iesin a theyrnasoedd—
> Cwnna adlais cenedloedd—am ei glau
> Allu, a Beiblau i'r holl bobloedd.—*Talhaiarn.*

Gwasanaethed hynyna yn bresenol, i ddangos y gellir cyssylltu Toddaid Hir â gwahanol fesurau ereill; rhoddwn ychwaneg o enghreifftiau ar hyn wrth ymdrin â Mesurau Dosparth Gwynedd.

V. ENGLYN, NEU YNGLYN.

IFOR. Pa sawl math o Englynion sydd, Arthur?

ARTHUR. Rhana rhai hwynt yn bump math, ond yr wyf fi yn eu cael yn saith, sef—1. Englyn Cildwrn; 2. Englyn Milwr; 3. Englyn Unodl Union; 4. Englyn Unodl Crwcca; 5. Englyn Hir a Thoddaid; 6. Englyn Pendrwm; 7. Englyn Garhir.

I. Yn awr, ynte, dyro enghreifftiau o'r gwahanol fathau hyn, gydag eglurhad byr ar y modd y mae eu gwneyd.

A. O'r goreu, mi wnaf, gan ddechreu ar

1.—ENGLYN CILDWRN.

Cynnwysa y math hwn dair llinell, sef Toddaid Byr, a llinell drisill neu bedwarsill i ddiweddu. Fel hyn:—

> Impio, er huno o'r henaidd—gyffion,
> I gaffael ffrwyth peraidd
> O'r un wraidd.—*Gram. Sion Rhydderch.*

ARALL.

> Mawredd ar fawredd Ior fwria—o'i faith
> Fythol Arddangosfa,
> I ddyn fo dda.—*Athan Fardd.*

2.—ENGLYN MILWR.

Mae amryw awdwyr wedi myned i'r amryfusedd o ddwey mai yr un yw Englyn Milwr â Thriban Milwr, ond y mae y gwahaniaeth yn ddigon amlwg. Mae Toddaid Byr yn dechreu Englyn Milwr, ond nid oes Toddaid o gwbl mewn Triban Milwr. Gwneir Englyn Milwr trwy ffurfio Toddaid Byr, ac yna gosod llinell seithsill unodl i ddybenu, fel hyn:—

Diraddiwyd y Derwyddon,—eu dinystr
Daenwyd gan ddig alon—
Yn oer y maent yn nhir Môn.—D.M-

3.—ENGLYN UNODL UNION.

Ffurfir y rhyw yma o Englyn trwy gyssylltu dwy linell seithsill unodl â Thoddaid Byr; a rhaid i'r ddwy linell a gyssylltir â'r Toddaid fod fel pennill o Gywydd, un yn diweddu yn unsillog a'r llall yn lluossill. Ond os na cheir dwy linell seithsill i gyfleu y meddwl yn briodol, y mae yn *ganiataol* gosod dwy linell wythsill. Dyma ychydig enghreifftiau o Englyn Unodl Union.

ENGLYN A'B GWANT AR Y SILL BLAENAF.

Dyn yw yr adyn a rydd—ei anair
　I'w hynaws Greawdydd;
'E geisia'r ffôl gasâu'r ffydd—
Hagr wawdia y Gwaredydd.—D.M.

Y DEIGRYN.
(Y *Gwant* ar yr Ail Sill.)

Ffrydiad gwir deimlad amlwg—yw deigryn
　Ar y degrudd ddīwg;
A gloyw ddafn ar ei dreigl ddwg
Y galon lawn i'r golwg.—*Morgan Morganwg.*

Y GWIBED MAN.
(Y *Gwant* ar y Trydydd Sill.)

Rhag i'r haf araf eirian—a'i wên aur
　Fod yn Nef berffeithlan,
Duw â myrdd o Wibed mân
A ddraeniodd awyr anian.—*Trebor Mai.*

GWYNGALCH CYMRU.
(Y *Gwant* ar y Pedwerydd Sill, a Chyrch unsill.)

Gwyngalch Cymru fu, sy, ac a fydd—hardd
　Mae'n urddawl ei ddefnydd;
Achles âr yw'n uchel sydd,—
Mor wiwlon mae ar welydd.
　　　　　　　　G. ab Ioan, Dowlais.

Y GYMRAEG.
(Y Cyrch yn ddausill.)

Swn fel pêr fwynder ar feindant—arian
　Ei geiriau a roddant;
A phwngc mawrwych gorwych pan gânt,
Fel rhaiadr gauafol rhuant.—*Islwyn.*

Y DARAN.—(*Cyrch Trisill*)

Twrw ar dwrw yw'r daran,—a chynhwrf
   Ochenaid drom anian;
Du hyllig ydyw allan,
A llef Duw mewn llif o dân.—*R. Hughes.*

Y FYFYRGELL.

(Y Cyrch yn bedwarsill.)

Dyma'r ddigymhar gell,—doeth wybodaeth
   Y byd mewn ystafell!
Chwalu'r gwag a chwilio'r gwell,
Yw ergyd y Fyfyrgell.—*R. Ddu o Wynedd.*

Dyma rai enghreifftiau etto, a'u llinellau blaenaf yn amrywio mewn cynghanedd:—

Y BRADWR.

(Cynghanedd Lusg yn y llinell flaenaf.)

Gwarth i'n gwlad ydyw Bradwr—anuniawn,
   Mewn enw'n Wladgarwr,
Un teg wên,—etto y gwr,
Weithreda yn Athrodwr.—*Gwilym Mai.*

YR AFON.

(Y llinell flaenaf yn cynnwys y Draws o Gysswllt Ddisgynedig.)

Un hir, fel llinyn arian,—yw'r afon,
   Rhwyfa i'r môr llydan;
Ar wedd glir ei dyfroedd glân
Haul lunia ddelw anian.—*Telynog.*

YR AWRLAIS.

(Y llinell flaenaf yn Groes Rywiog.)

Y mynydau mân nodaf,—a'r eiliad
   Byr hylym gyhoeddaf;
Bob awr heb feth pregethaf—
Mesur yn wir amser wnaf.—*Dewi Afan.*

PELLEBYR MOR Y WERYDD.

Wele forawl lefarydd,—a'i air â
   O'r hen fyd i'r newydd;
A'r ddwy wlad ar eiliad rydd
I siarad is y Werydd.—*Gwilym Elian.*

CUSAN.

(Y llinell flaenaf yn Groes o Gysswllt.)

Dyfeisiad i wefusau—yw cusan,
  Ac assydd teimladau;
  A serehnod hynod rhwng dau
Gariad, a sêl eu geiriau.—*Carn Elian.*

4.—ENGLYN UNODL CRWCCA.

IFOR. Beth yw'r gwahaniaeth rhwng Englyn Unodl Crwcca ac Englyn Unodl Union?

ARTHUR. Mae hyn o wahaniaeth, sef bod y Toddaid ar ddechreu Unodl Union, ac ar ddiwedd Unodl Crwcca. Hefyd, rhaid i Doddaid yr Unodl Crwcca gynnwys Cyrch Awdl bob amser. Dyma enghraifft:—

Duw iawn, rhad, Duw anrhydedd,
Dof eurglod, hynod dy hedd;
Duw'r duwiau, gorau drugaredd—nefol,—
Duw manol d'amynedd.—*Edw. Evans, Toncoch.*

Arferai Hen Feirdd Morganwg ychwanegu llinell seithsill at y math hwn, gan ei fod yn gorphen mor swta. Dyma enghraifft—

A chwyn adwyth och'neidion;
Wyf glaf—(beth a wnaf, liw Non?)
Mae braw'n eiddilaw'r meddylion—i'm bryd,
  A gwaelyd yw'r galon
  Am danad, y leuad lon.—*T. Carn.*

5.—ENGLYN HIR A THODDAID.

IFOR. Ai yr un yw hwn â'r Hir a Thoddaid cyffredin?

ARTHUR. Nage. Gwneir y math hwn o Englyn mewn amryw ffyrdd. Yn gyntaf, trwy osod Toddaid Byr i ddechreu, ac yna dwy, pedair, chwech, neu wyth llinell wythsill unodl yn nglyn ag ef. Yr ail ffordd, trwy osod y llinellau wythsill yn mlaenaf, a'r Toddaid yn olaf, fel mewn Unodl Crwcca. Y drydedd ffordd yw gosod Toddaid Byr i ddechreu a diweddu, ac o bedair i wyth llinell wythsill unodl rhyngddynt. Yn bedwerydd, trwy wneyd pedair, chwech, neu wyth llinell seithsill unodl, a Thoddaid i ddechreu neu ddiweddu, neu bob un o'r ddau. Yn bumed, trwy ychwanegu llinell seithsill unodl ar y diwedd. Yn awr, mi a roddaf enghraifft o bob un o'r ffurfiau hyn, yn y drefn y maent wedi cael eu henwi yn barod:—

1.—DULL UNODL UNION.

Cydwybod dda'i nod gan Dduw Ner—o chaf,
  A chyfiawn foddlonder;

Nid rhaid golud diriaid gweler,
Iawn yw'r ymswyn unrhyw amser,
Duw i ddoeth yw'r cyfoeth cofier,
Ynddo rhodia'n ddewr ei hyder.
Samuel Jones, Brynllywarch.

2.—DULL UNODL CRWCCA.

Hoff o'i min yw iaith doethineb,
Hygar iawn ei hawddgar wyneb;
Arwain iawndardd yr uniondeb,
A gâr hon i'w theg warineb;
A mêr diwaelder duwioldeb,—a'i pyrth
    A llawnwyrth callineb.—*D. o'r Nant.*

3.—DULL Y DDAU DODDAID.

Afallen mae'n bren breiniawl—ei hanian,
    I'w henwi'n ddewisawl;
Yn mhob goror mae'n flaenorawl
Ar y coedydd amryw cedawl,
Blodeu hardd yn wiwblaid urddawl,
Rhwiog aeron rhai rhagorawl;
Gwinoedd i'r miloedd a'i mawl—y dyrydd,
    O'i dedwydd hoen didawl.—*Hopkyn Llewelyn.*

4.—TODDAID A LLINELLAU SEITHSILL.

Oferedd rhoi clodforiad—i ddynion
    Di ddoniau, mae'n afrad;
Ië, hagrwch a llygriad
I'r awen, a'i dirywiad,
Yw cynnyg mawl mewn caniad
Am aur, i'r digymmeriad.—*D.M.*

5.—DULL Y LLINELL YCHWANEGOL.

Y Duw mawr tro di 'mwriad,
I'r iawn ystyr yn wastad,
Wyf wan, bydd i'm rhan yn rhad,
Naf etto tyn fi atad;
Fy Ner, i'm gwaelder na'm gad,
I'm serthedd lle mae'm syrthiad,
Rhoi llef hyd eurnef arnad—yw'm gorchwyl,
    Duw anwyl am danad,
  Clafed wyf, clyw fi O Dad!—*Samuel Jones.*

6.—ENGLYN PENDRWM.

IFOR. Dyma enw pur ddyeithr i mi Arthur, pa fath Englyn yw y pendrwm yma, dywed?

Arthur. Mae rhywbeth yn debyg ynddo i'r hyn a elwir yn *Englyn Unodl Cyrch* yn Nosparth D. ab Edmwnd, ond fod hwn yn *Englyn* a hwnw heb fod felly, o ddiffyg Toddaid. Gwneir hwn trwy osod dwy linell seithsill, yn cynnwys Cyrch Awdl yn nglyn â Thoddaid Byr; a gall y Toddaid fod yn dechreu neu ddiweddu. Dyma enghraifft:—

  Clodforwch, molwch Dduw mad,—dywedwch
   Mai da ydyw'n wastad:
  Can's pery'n faith hoywiaith hedd,
   Ei drugaredd drwy gariad.
       G. Canoldref, Salm cvi.

7.—ENGLYN GARHIR.

Ifor. Gad i mi gael gwybod genyt etto pa fodd y mae gwneyd y math hwn o Englyn.

Arthur. Gwneir hwn trwy ffurfio Englyn Milwr, sef Toddaidd Byr, a llinell unodl seithsill i'w ddechreu; yna cael dwy linell 4 neu 5 sill yr un yn cydodli, ond yn odli yn wahanol i'r rhan flaenaf; ac yna cael llinell yn 7, 8, neu 9 o silliau i ddiweddu yn unodl â'r llinellau blaenaf, a'n gorphwysfa yn cydodli â'r llinellau byrion, fel hyn:—

  Beunydd i'r meusydd defaid mân,—oll ini
   Sy'n llenwi pob corddlan;
  Digonedd ŷd—gwynbryd gân:
   Pob peth lefant,
   Pawb a ganant,
  Dy ogoniant deg anian.—*G. Canoldref.*

VI. CYWYDD.

Ifor. Yn awr, Arthur, yr wyf am i ti egluro i mi pa fodd y mae gwneyd Cywydd.

Arthur. Dwy linell seithsill yr un, yn cydodli, ac yn diweddu y naill yn unsill, a'r llall yn lluossill, yw pennill o Gywydd. Wrth gyfansoddi mwy nâ phennill, dylid newid yr odlau ar bob pâr neu gwpl. Goddefiad yw gosod cwpl wythsill yn achlysurol. Gan fod Cywydd yn fesur mor gyffredin, ni roddaf yma ond ychydig enghreifftiau.

ANNWYD.

  Annwyd a dry cyn henaint,
  Yn beryglus echrus haint.—*Creidiol.*

LLONGAU.

  Gwelwch y llongau gwiwlon,
  Eofn daith ar gefn y don,

Yn llu'n gwenu'n y gwynt,
Yn morio o flaen mawrwynt.—*Tegid*.

BORE OES.

Anwyl yw blodau einioes,
Hoywbêr iawn yw bore oes;
Ond cawn y blodau ceinwedd,
Er braw, yn gwywaw eu gwedd;
A gwelir—niwl a gilia
Yw bore oes—heibio'r â.

Sion Wyn o Eifion.

VII. PROEST CYFNEWIDIOG.

IFOR. Beth yw Proest Cyfnewidiog, Arthur?

ARTHUR. Proest Cyfnewidiog y gelwir y dull o newid y llafariaid yn sill olaf pob llinell, a chadw yr un gydsain i ddiweddu pob un, os bydd cydsain yn canlyn; neu os na fydd, gorpheniad y llinellau â llafariaid gwahanol yw y dull. Gellir gwneyd Proest Cyfnewidiog ar linellau seithsill, wythsill, neu nawsill; ond nis gall pennill arno fod yn hwy nâ saith llinell, sef nifer y llafariaid. Hefyd, rhaid i'r prifodlau fod yn ateb eu gilydd o ran pwysedd—yn lleddfon neu dalgrynion, yn drwm neu yn ysgafn, drwy y pennill. Hyny yw, os bydd y llinell flaenaf yn diweddu â'r gair "gŵyr" neu ei gyffelyb, lle mae'r *w* yn seinio yn hir, rhaid i'r holl linellau ddiweddu yr un fath. Os mai *grôn, llôn*, neu'r cyffelyb, fydd yn gorphen y llinell flaenaf, ni wna *gwên* neu *hun* y tro yn y lleill. Etto, os bydd dwy gydsain yn canlyn y llafariaid i orphen sill, megys *carn* neu *barn*, os bydd y cyfryw yn brifodl, rhaid cael rhai cyffelyb i'w hateb, megys *dwrn, corn*, &c. Barna rhai mai y ffordd oreu ar gyfnewid y llafariaid yw eu cymmeryd o'r bron—*a e i o u w y*, neu yn y gwrthwyneb; ac os cenir yn wahanol, mai gwell peidio gosod yr *u* a'r *y* yn agosaf i'w gilydd, gan fod eu seiniau mor debyg. Caniateir i bennill proestiol gynnwys llinellau seithsill ac wythsill, neu wythsill a nawsill, bob yn ail; ac hefyd caniateir gorphen y llinellau yn unsill, neu luossill, neu ynte yn gymmysg.

I. Dyna ddigon o bregeth bellach am y rheol, gad i mi gael ychydig enghreifftiau yn awr.

A. Dyma ychydig o wahanol fathau:—

TRIBAN PROEST.

Ar olwyn y Gwanwyn gwyrdd
Yn serchog daw'r gog â'r gerdd,
Ger y bwth a gâr y bardd.—D.M.

TRIBAN TODDAID, NEU ENGLYN MILWR PROESTIOL.

 Of call, gwna fwyall i fardd—a doro
  A'i durawg fin agwrdd,
 Diwael ei gwaith cei'n dâl gerdd.
       Dafydd Llwyd Matthew.

PENNILL PEDRYFAN.

Bydd son am Fon ac am feirdd
Hyd gof, tra blodeuo gardd;
A datgan eu cân a'u cerdd
Yma ar gaingc, tra môr gwyrdd.—*Cawrdaf.*

ARALL GYDAG ODL GUDD.

 Wele rai, gan alar hallt,
 Yn ymrwygo'n wallgo wyllt,
 Eu llygaid yn danbaid oll,
 Troant, ymwibiant fel mellt.—*Caledfryn.*

PENNILL Y CYHYDEDD NAWSILL.

Lluniais y gerdd mewn llwyn is gwyrdd-ddail,
I wenddyn harddlun, hoyw fun feinael;
Ba fardd o'n gwlad i'm caniad a'm coel
Maint berw 'y mhen am Wen anwyl.
      Llywelyn Sion, o Langewydd.

PENNILL YN PROESTIO'R SAITH LLAFAR.

Dewr a glew ynt mewn dur gl*as*,	*a*
Gwregysau eu bronau'n br*es*,	*e*
Darn o graig yw dwrn ei gr*is*,	*i*
A doddai nerth dydd a n*os*;	*o*
Gloywlafn, fel ysgafn o *us*,	*u*
Dry draw, gan dewder eu dr*ws*	*w*
Ni thyr llew aruthr i'w ll*ys*.	*y*

        Cawrdaf.

VIII. PROEST CADWYNODL.

IFOR. Yr wyf am i ti, Arthur, fy nghyfarwyddo yn nghylch natur a dull cyfansoddi y Proest Cadwynog yma.

ARTHUR. Mae tri dull ar gyfansoddi y mesur hwn. Y cyntaf, a'r dull cyffredin yw trefnu y llinellau yn y fath fodd fel ag i gael y flaenaf i gydodli â'r drydedd, a'r ail â'r bedwaredd. Gall hyd y pennill fod yn bedair, chwech, neu wyth llinell, ar y chwech Cyhydedd hwyaf. Yr ail ddull, a elwir Dull Morganwg, a wneir trwy lunio tair llinell broestodl, ac yna cael pedair llinell unodl â hwy yn eu canlyn, sef y flaenaf a'r bedwaredd yn cydodli, a'r ail â'r bumed, &c. Dull arall perthynol i Ddosparth Morganwg yw llunio pennill pedair llinell yn Gadwyn Broest, ac yna cael pedair llinell yn nglyn â hwy yn proestio yn y gwrthwyneb iddynt.

I. Rhaid i mi gael cryn amser i astudio y gwahanol ffurfiau hyn cyn y deallaf hwynt; am hyny, er mwyn myned yn mlaen, dyro enghreifftiau o'r gwahanol ddulliau.

A. Dyma ychydig enghreifftiau:—

DWFR CYMRU.

Mae llawnder o ddeifr peraidd,
Rhwng main, yn darwain bob dydd,
O eigion ireiddlon wraidd
Ei bryniau iach a'i bronydd.

Llydain afonydd lliwdeg,
Hafal i'r grisial o'r graig,
Ar hyd ei neint sy'n rhedeg
Yn loywon i eigion aig.—*Gwilym Padarn.*

PENNILL AR Y CYHYDEDD NAWSILL.

Y GWYNT.

Gwynt gwyllt cadarnwyllt sy'n cadw oernad,
Gerwin ei rym yn eithlym aethlyd;
Gwyn fyd a fedd yn rhydd anneddiad,
Gartref i'w fro, tan glo, a'r tŷ'n glyd.—*D. o'r Nant.*

UN O DDULLIAU MORGANWG.

Minarf yw'r cof i'm mynwes,	*e*
Darfu'r awch dirfawr iachus,	*u*
A lywiai gân fel eos:	*o*
Oer a dwl wyf wr diles,	*e*
Gwae fod fy nydd gofidus	*u*
Oll yn awr yn dywyll nos.	*o*

Morgan Powell.

DULL ARALL MORGANWG.

Y DRYLL.

Clywer llais trwch tristwch trwm,	*w*
Ar led yn afrifed fram,	*a*
Dychryn gerllaw'n rhuaw rhwm,	*w*
Adar a'u cri'n ofni nam;	*a*
Pob un yn wael yn cael cam	*a*
Mewn gwŷn mawr ar y llawr llwm;	*w*
Llef blinder a llawer llam,—	*a*
Rhwng eu plyf mae'r angau plwm.	*w*

Morgan Gruffydd.

IX. COLOFN PRYDAIN.

IFOR. Pa fath Fesur yw hwn, a phaham ei gelwir wrth yr enw Colofn Prydain?

ARTHUR. Gelwir y Mesur hwn hefyd yn Gyhydedd Gyrch, a Ban Cyrch; a bernir iddo gael yr enw Colofn Prydain, am mai yn Mhrydain y cafodd ei ddyfeisio. Hyd pennill arno ydyw o bedair i ugain o linellau; ar yr un a fyner o'r chwech cyhydedd hwyaf. Wrth ei gyfansoddi, rhaid ffurfio y llinellau yn y fath fodd, fel ag i gael diwedd y llinell flaenaf i gydodli â gorphwysfa yr ail, a diwedd yr ail yw y brifodl. Y mae diwedd y drydedd linell hefyd i gydodli â gorphwysfa y bedwaredd, a diwedd y bedwaredd yn cydodli a diwedd yr ail; ac felly trwy y pennill. Nid yw yn anhebgorol i'r llinellau fod yn hollol yr un hyd o ran sillau yn yr un pennill fel y dengys yr enghreifftiau.

PENNILL PEDRYFAN.

Yn y tŷ draw gerllaw'r llan,
Ty gwiwlan teg a welaf;
Yn boen i gant mae bun gain,
Yn gywrain hon a garaf.—*Llywelyn Sion.*

ARALL, A'R LLINELLAU YN ANNGHYFUNHYD.

Hyfryd fyd o fawl, purdeb gwyneb gwawl,	10
Y lan heddychawl neuadd uchod ;	9
Mewn hwyl anwyl yw ei wlad fad i fyw ;	10
O na bawn heddyw'n byw'n ei haddod.	9

Robyn Ddu Eryri.

ARALL.

Llewelyn Ddu, gelfydd, i'w gofio ceir beunydd	12
"Morwynion Meirionydd" ar greigydd pob gris ;	11
A'r nef, gan ei arbed, a roddodd mor rwydded,	12
Fyth weled ymwared i 'Morris.'	11

Robyn Ddu Eryri.

X. CADWYN GYRCH.

IFOR. Mawr mor aml y mae'r Cadwyni yn y Mesurau Caeth yma; dyma Gadwyn etto. Dangos i mi assiad dolenau y Gadwyn Gyrch yma, Arthur.

ARTHUR. Mae'r Mesur hwn yn bur debyg i'r un blaenorol iddo; etto, y mae y gwahaniaeth yn ddigon amlwg, dim ond craffu yn fanwl. Wrth gyfansoddi ar y mesur hwn, rhaid trefnu y llinellau yn y fath fodd, fel ag i gael y gyntaf a'r drydedd i gydodli, fel yr ail a'r bedwerydd, yr un fath â Phroest Cadwynodl; ac hefyd, rhaid cael prifodl y llinell flaenaf i gydodli â gorphwysfa yr ail, ac felly trwy y pennill, fel yn Ngholofn Prydain. Ychwanegodd D. ab Edmwnd beth at gaethder y Mesur hwn, trwy drefnu prifodl yr ail linell i gydodli â gorphwysfa y *drydedd*, a bod y llinellau i gyd yn Groes Rywiog, a galwodd y dull hwnw yn *Gadwyn Fer*. Yn ol Dosparth Morganwg, amrywia hyd llinellau pennillion ar y Mesur hwn o saith hyd ddeuddeg sill; ac hyd pennill cyffredin yw pedair llinell; ond ceir rhai enghreifftiau yn chwech neu wyth llinell.

I. Gad i mi gael gweled yr enghreifftiau yn awr ynte.
A. Dyma ychydig i ti, sylwa dithau yn fanwl ar eu dull.

PENNILL AR Y GYHYDEDD WYTHSILL.

(Yn ol dull D. ab Edmwnd.

O! *na* rodder ini rydd*id*,
Yna gwel*id* ni, y gwael*ion*,
Uwch y cwyn*ion*, a iach cen*id*
Pan na cheff*id* poen na chyff*ion*.—D.M.

Arall, heb fod gobenydd yr ail linell yn cydodli â gorphwysfa'r drydedd, yn ol dull Morganwg:—

Ym marwolaeth mae mawr elw*ant*,
Goreu ffyni*ant* yw gorphe*nu*
Einioes alaeth, lle nis seili*ant*
Neb ar foddi*ant* a'i bur fe*ddu*.—*Dafydd o'r Nant.*

DULL ARALL—DOSPARTH MORGANWG.

Tebyg i Dawddgyrch Cadwynog D. ab Edmwnd.

Ti wiw NODDAIST·awenYDDION
A defnYDDION eu dwfn a*ddysg*;
A da RODDAIST radau rhYDDION
I gilYDDION y goleu*ddysg*.
Dy garYDDION yw prydYDDION,
Aur ieithYDDION irwaith hoyw*ddysg*;
Cai'n newYDDION gan d' ofYDDION
Fel gwywYDDION yn fawl gwiw*ddysg*.
Edward Dafydd i Syr R. Bassed.

XI.—CLOGYRNACH.

IFOR. Dyma enw etto, Clogyrnach! Beth yw ystyr y gair hwn, Arthur?
ARTHUR. Mae'r enw yn ateb y Mesur i'r dim; sef anwastadrwydd clogyrnog fel gwyneb craig arw. Y Rheol gyda golwg ar y Mesur hwn yw, fod yn rhaid i linellau pennill gydodli; ond am yr hyd mewn silliau, gall yr holl gyhydeddau fod ar yr

un pennill os mynir. Nid yw wahaniaeth ychwaith pa un ai yn unsill neu luossill y diweddir y llinellau; a gellir cymmysgu pob un o'r ddau ddull yn yr un pennill, fel y gwelir yn yr enghreifftiau canlynol:—

PRUDDGLWYF.

Un wyf i'm iselnwyf sydd	7
Yn udaw'n dost annedwydd;	7
Rhodio'n rhydd	3
Yn y gwydd	8
Neu rôd yr hydd	4
Ar fan rhyw fynydd,	5
Yn wr gwael a'm ffael i'm ffydd,	7
Yn ymboeni'n drwm beunydd.	7

Sion Padarn.

Y CARWR LLWYDDIANNUS.

Cefais ferch, cofiais a fu,	7
O boen a chur bwn o'i charu;	8
Llawer ofalais, llwyr ryfelu,	9
Athrodwyr, fel cwn, a naws annwn i'm senu;	12
Mi gefais fawr erlid, a'r llid yn trallodu;	12
Celwydd dyn traws â'i surnaws i'm sarnu,	10
Goddef a wnaethym, a gweddu:	8
Er bod drwy 'mron drwm gwynion yn gwanu;	10
Er lladd y gofal cynnal canu.	9
Parod oeddwn yn prydyddu,	8
Ymgais a'r ferch a'i serchu,	7
Yn ddidawl fythawl heb fethu.	8
Er gwaetha'r cyfan, daeth awr i'm dyddanu!	11
Pob gelyn yn awr aed i lawr i alaru;	12
Ti, 'r ffôl ei ben sy'n cenfigenu,	9
Hai! dyred i'm gweled, a phaid a gwaelu;	11
Gwnaf odiaeth gân i'm gwynfydu,	9
Agor hoywfloedd a gorfoleddu:	8
Druan! 'rwyt ti'n cwynfanu,	7
Yn flin fal golau'n diflanu;	8
Priodaist! clyw fi'n prydu!	7
Teg ei gwedd, loyw osgedd lwysgu.	8
Maeddais dy gas,—'rwy'n meddu	7
Blodau'r wlad mewn cariad cu.	7

Dafydd o'r Nant.

XII. LLAMGYRCH, FFORCHAWDL, NEU AWDL DDWYBIG.

IFOR. Wfft byth i'r enwau sydd ar rai o'r Mesurau yma,—mae yn gryn orchest eu cofio, heb son am gofio y rheolau sy'n eu llywodraethu. Enw rhyfedd iawn i mi yw *Llamgyrch*, a gadael y ddau ereill ar ol. Pa fath Fesur yw hwn, Arthur?

ARTHUR. Wrth egluro y Mesur, ti weli fod ystyr neillduol i'r enwau hyn, a'u bod yn ddigon priodol hefyd. Nôd y Mesur yw, bod llinellau blaenaf ac olaf ei bennillion yn cydodli; a'r llinellau fyddo rhyngddynt ar odlau gwahanol, yn unodl (fel Gorchan), neu yn frithodl (fel Cywydd); ac felly bydd dechreu a diwedd y pennill yn cydodli, ac yn ffurfio math o fforch am y llinellau canol. Weithiau gosodir diwedd y llinell flaenaf yn unodl â gorphwysfa yr ail, a diwedd y llinell olaf ond un yn unodl â gorphwysfa yr olaf, a chael y flaenaf a'r olaf ar yr un odl. Gall hyd y pennill amrywio o bedair hyd ddeg llinell, sef llinell neu ddwy yn y dechreu, a llinell neu ddwy yn y diwedd yn cydodli â hwynt, a'r llinellau canol yn odli yn wahanol. Rhydd yw canu y Mesur hwn ar y chwech Cyhydedd hwyaf; ac nid gwall yw os bydd ambell linell yn hwy neu yn fyrach nâ'r lleill o sill neu ddau. Dyma ychydig enghreifftiau:—

CHWEBAN.

I'n Duw Iesu, Oen dewis*awl*,
Y gwëwn, feirdd, gân fo urdd*awl*,
Ac iawn yw m*awl* genau melus,
I'n Hior nefol yn air nwyf*us*,
A sain wedd*us* awenyddawl,
O fwriad ffydd bob dydd heb dawl.—*Thos. Lewys.*

PENNILL SEITHBAN.

O! arafa, dduw rhyfel,—
Trwy y gad, erch ddinystr g*wel!*
A dych*wel* (rhag gwneyd ochain)
Y llym gledd er hedd i'r wain:
Gwir heddwch a gwareiddiad
Fo'n lloni, gloywi pob gwl*ad*,
I'w diwygi*ad* diogel.—D.M.

MYNACHLOG NEDD.

Ni bu adeilad bywydolion,
Na thô muriau, na thai mawrion,—
Ni bu rhyw seilwydd neb o rasolion,
Neu dderi o'u hyd, ar y ddaear hon:
Ni bu, ac ni bydd,
Y rhyw waith ar w*ydd*,
Yr hwn ni dderf*ydd*, na'r dydd na'r dòn.
Lewis Morganwg.

XIII. HYPYNT, NEU LYSTODYN, NEU'R GOLOFN FRAITH, NEU AWDL LOSGYRNOG.

IFOR. Wel beth yn enw dewiniaeth yw ystyrion y geiriau dyeithr hyn?

ARTHUR. Ystyr Hypynt yw naid, neu ysponge; ac ystyr Llost, neu Losgwrn, yw cynffon; a digon naturiol fuasai galw hwn yn Fesur Cynffonog.

I. Beth yw nôd ac ansawdd y Mesur hwn?

A. Mae hwn yn Fesur amrywiog iawn,—yn meddu mwy o ryddid i'r Awen nâ'r un arall ond Dyrif. O'r Mesur hwn y ffurfiodd D. ab Edmwnd ei Hypynt Byr a Hir, ei Gywydd Llosgyrnog, ei Gyhydedd Hir, a Gorchest y Beirdd; a thrueni mawr oedd ei gyfyngu i bump ffurf, tra y gellir, yn ol y rheol wreiddiol, gael cant neu ychwaneg o foddau arno.

I. Os oes cymmaint â hyny o ryddid yn perthyn iddo, beth pe baet yn egluro i mi pa fodd y mae gwneyd pennillion yn rhai o'r moddau y soni am danynt.

A. Mae rhyddid i ddewis y Gyhydedd a fynir i gyfansoddi pennillion ar y Mesur hwn, o'r bedwarsill hyd y ddeuddegsill. Ffurfir pennill arno trwy wneyd dwy, tair, neu bedair llinell yn cydodli, ac yna cael llinell yn odli yn wahanol yn gynffon, a'i gorphwysfa yn unodl â diwedd y llinellau blaenaf, neu yn croes gyngbaneddu â'r olaf o honynt. Wrth gyfansoddi ar y Cyhydeddau byrion, nid yw yn anhebgorol angenrheidiol cael cynghanedd yn y llinellau blaenaf, ond rhaid i'r Llosgwrn gynnwys cynghanedd; a gall fod o'r un hyd, neu o hyd gwahanol i'r rhai odlog. Anaml y gwneir pennill unigol neu unplyg ar y Mesur, ond bydd fynychaf yn ddyblyg, sef dau bennill yn nglyn; a gall *boniaid*, neu linellau odlog y ddau bennill fod yn unodl, neu yn odli yn wahanol i'w gilydd; ond rhaid cael y ddau Losgwrn i gydodli.

I. Da ti, gad i mi gael gweled rhes o enghreifftiau bellach, oblegyd mae dy eglurhad o'r rheol yn niwlog annghyffredin.

A. Nid yw ein gofod yn caniatâu i mi roddi llawer o enghreifftiau; ond wrth efrydu y rhai canlynol, dealli pa fodd y mae gwneyd ffurfiau gwahanol.

YR ARDDANGOSFA.
Llinellau Pedwarsill.
    Mor odidog
    Oriel enwog
    Yr Arluniau!
    Parai newydd
    Fyw lawenydd
    I filiynau.—*Islwyn.*

Y WENYNEN.

(Triban Foniaid.)

Y Wenynen
Yn ei helfen
Ar ei haden
  Aur eheda;
Blodau brithion,
Peraidd feillion,
O gu swynion
  A gusana.—*Hwfa Môn.*

GOLYGFA PEN Y FOEL.

(Hypynt Chwesillog, a'r Llostau yn cyfnewid.)

Edrychaf o'm deutu
Ar Loegr a Chymru,
A ddichon neb wadu
  Mor wiwgu mae'r wedd?
Rhaid gweled i goelio;
Mi geisia'u darlunio
Cyn elwyf fi heno
  I'm hannedd.—*Gwallter Mechain.*

EBEN FARDD.

(Hypynt Pumsill, â Llost Pedwarsill.)

Cyn dod cyfnod cur,
Eben y pen pur,
Am wenau cysur
  Mwyn y ceisiodd;
Bu dad mad i'n mysg,
A'i swyn yn dwyn dysg,
A gwych yw'r addysg
  Iach gyrhaeddodd.—*Robyn Ddu Eryri.*

YR EOS.

(Hypynt deufan Seithsill, a Llosgwrn Pedwarsill.)

Pwy yn nail y Penelau*
A gân mor ber ei genau,
  Pyngciau pencerdd?
Ni cheir llef dan nef i'm aingc,
Na chân gyffelyb i'w chaingc,
  Purgaingc pergerdd.—*Meurig Dafydd.*

---

* Penelau—pantle, lle isel.

YR HAF.

(Hypynt Triban, ar y Gyhydedd Seithsill, a Llosgwrn Chwesill.)

Mae'r Gôg yn bêr leferydd,
A'i miwsig yn y meusydd,
A gwenu y mae'r gweunydd,
 Dan dywydd hirddydd haf:
A'r gerdd yn nghaerau gwyrddion
Y tir, gan fwyeilch taerion,
Llawenydd byngciau llawnion
 Y dôn hyfrydlon fraf.—*Charles D. Meredydd.*

CENADON SERCH.

(Banau'r Hypynt yn Chwesill, Llost Degsill a Nawsill.)

Y Gôg o las ddyffryn,
Y Fwyalch o'r coedfryn,
A'r Eos o'r llwynyn yn syddyn* y serch;
Cai rhain yn lateion,‖
Pob un a fydd foddlon
A rhadlon it' anfon at wenferch.—*Cyf. y Beirdd.*

MARWNAD LLYWELYN SION O LANGEWYDD.

(Hypynt Pedryfan ar y Gyhydedd Wythsill, a Llostau Seithsill.)

Y Bardd odiaeth, ebrwydd ydoedd,
Ucha'i fawl yn ddrych i filoedd;
Y blaen oedd yn ein blynyddoedd,
Iawn olrheiniai'n fanwl rin*edd*
 Hen oes*oedd* a'u hanesion:
Doeth ei fin, da iaith ei fânau,
Yn hyawdlaidd fe wnai odlau,
A gwin ydoedd ei Ganiadau,
Enwog oedd yn ei Gywydd*au*
 Am leisi*au* tra melusion.—*Edward Dafydd.*

Barnwyf fod hynyna yn ddigon o enghreifftiau i arwain y craffus ei feddwl i diriogaethau amrywiog Hypynt. Rhoddir 33 o enghreifftiau gwahanol yn *Nghyfrinach y Beirdd*, a gellid ychwanegu llawer atynt, heb fod dau o'r pennillion yr un peth.

XIV.—CYNGHAWG.

IFOR. Beth yw ystyr yr enw hwn, Arthur?
ARTHUR. Ei ystyr yw cylymog, neu gymmhlethog; ac y mae

---

* Syddyn—preswylfod. ‖ Llateion—cenadon serch.

y Mesur wedi cael yr enw hwn, am ei fod yn tebygu i'r llysieu-
yn a elwir Cynghawg *(burdock)*, yr hwn sydd yn ymlynu wrth
wahanol wrysg, nes eu dwyn yn un ysgub. Felly yr Adlaw
hon—cyfuniad o wahanol fathau o Fesurau, neu ranau o Fes-
urau, yw pennill Cynghawg.

I. Pa fodd y mae cyfansoddi arno?

A. Wrth gyfansoddi ar y Mesur hwn, mae'r llinellau i fod
yn Unodl, neu yn Gyrchodl. O barth eu hyd mewn sillau, y
mae'r cyfansoddwr at ei ryddid i ddewis a fyno o'r Cyhydeddau.
Mae at ei ryddid hefyd i osod llinellau pennill yn ogyhyd, neu
yn annghyfunhyd, ond bydded y llithriad o'r byr i'r hir, ac o'r
hir i'r byr yn ystwyth a naturiol. Mae i Gynghawg y fath am-
rywiaeth ffurfiau, fel y gellir canu faint a fynir o foddau arno.
Dyma ychydig enghreifftiau hen a diweddar:—

BALCHDER.

Niwl ydyw balchedd, gwagedd o goegiaith,
  Yn marn y sobr, a gwobr o gau obaith,
  Cyd byddo heddyw yn fyw ac yn faith,
Oer yw'r damwain, y fory rhed ymaith;
Dalla dros awr a'i dwyllodrus araith,
A gwedi'n ein gadael pan gwael y gwaith;
Da'i ochel rhag cael dychwaith—o'i ffug llwyr
  I ddyn, Duw a'i gwyr, ni fedd synwyr saith.

Thomas Llewelyn o'r Rhigos.

Y GALON.

    Er gwylio dôr y galon,
    Draig a frath yw drwg y fron;
      Aethus weithion
      Yw llys hyll hon,
Rhyw gelloedd oer a gwyllion—o'i mewn sydd,
O gwr i'w gilydd yn hagr a gwaelion.—*D.M.*

ALBERT DDA.

Albert Dda, Albert ddiwyd—rhyw freuddwyd
  Rhy fyr oedd ei fywyd,
Aeth y cul fedd a thadmaeth celfyddyd;
Galara Ewrop ar glawr ei weryd.
Mae cwyno'n beichio'n byd—teimlir hiraeth
A thwymn iawn alaeth am ein hanwylyd.

W. Ambrose.

Math o Gynghawg yw pob pennill a wneir trwy gyssylltu gwa-
hanol Fesurau yn unodl a chyrchodl fel y rhai hyn; a barnwyf

fod tair enghraifft yn ddigon i agor cil y drws i'r craffus i weled ei ffordd yn glir i wneyd lluaws o amrywiaethau ereill.

XV.—DYRIF.

IFOR. Dyma ni bellach wedi dyfod at yr olaf o'r Pedwar Mesur ar Hugain. Yn awr, yr wyf am wybod beth yw nôd ac ansawdd y Mesur hwn, fel y gallwyf ddeall pa fath un ydyw.

ARTHUR. Gelwir hwn mewn rhai hen ysgrifau wrth yr enwau Carol, Cerdd Arwest, a Chan Deuluaidd. Ei nôd arbenig yw hyn, fod yn rhaid i linellau pennill arno fod yn ystwyth a llithrig o ran accen a goslef, fel y gellir eu canu ar dôn. Wrth lunio cerdd arno yn cynnwys amryw bennillion, rhaid i holl bennillion y gerdd fod wedi eu llunio yn yr un dull, o ran hyd llinellau, accen, corfan, &c., fel y galler canu y pennillion i gyd ar yr un dôn â'r pennill cyntaf. Braint, neu ryddid y Mesur hwn yw, y gellir defnyddio yr holl fesurau ereill yn wasanaethgar iddo, a thynu llinellau o'r rhai a fynir o honynt i lunio pennill ar hwn. Gellir ei ganu yn Frithodl, Cadwynodl, neu Unodl; ond y ddau flaenaf yw'r rhai mwyaf arferedig. Camsynied dybryd yw meddwl nad oes angen cynghanedd mewn Dyrif; dim ond pan fo'r pennill o nodwedd Hypynt y caniateir llinellau digynghanedd. Y mae rhai wedi bod mor ffôl a chredu mai math o Fesur Rhydd ydyw, ac y gwna pob math o bennillion y tro arno. Dyma un o res o bennillion a roddir yn enghreifftiau o Ddyrif yn Llyfr Barddoniaeth Gwilym Canoldref, a gyhoeddwyd yn Abertawy, ac nad oes nôd Dyrif yn perthyn iddo; ond barnwyf mai y cyhoeddydd a wnaeth y camsynied:—

  Y mae'n haws adnabod dynion
  Wrth eu chwantau a'u hamcanion,
  Nâ'u hadnabod yn ddiamau
  Wrth weithredoedd ac wrth eiriau.

I. Yn awr, ynte, gan mai nid pennillion o fath hwn yw Dyrifau, beth pe baet yn rhoddi rhes o enghreifftiau cywir?

A. Y mae cannoedd o honynt i'w cael, ond ni wnaf ond rhoddi ychydig, o ddiffyg lle.

Y CYBYDDION.

  Wrth rodio trwy'r dyffryn,
  Yn niwedd y flwydd*yn*,
 Cyfarfum â hen*ddyn*, yn sydyn wnai son
  Ei fod yn mawr hoffi,
  Pan glywodd gyhoed*di*
 Am grogi a bo*ddi* cybyddion.—*Gwilym Morganwg.*

CYNGHOR.

O cheisiwch lwydd a chysur   u
Trwy y byd hyd dir y bedd,   e
Wyr iesin, byddwch brysur   u
Ganol haf i gynnal hedd;   e
Yn iach lu mwynhewch y wledd,   e
Yn helaeth heb un dolur,   u
Urddwch gamp yn hardd eich gwedd,   e
Hael hufen gewch o lafur.—D.M.   u

Y GOGANWR.

Tydi'r goganwr diras, sy'n llunio'n gas y gân,
Cythryblu'r plwyf yw'th ymffrost, a'i yru'n dost ar dân:
Rho glust a deall didor i wrando cynghor call,
Na wna dy hun, wr arab, fel hyn yn fab y fall:
Ti dyni'r mawr elyniaeth a bariaeth am dy ben,
A goflin fyd ac aflwydd o ddilyn swydd y sen.

Dafydd Ifan Sion.

SERCH.

Rho'th gais ar orfod trafod trwch
  Y daran fawr yn awr ei nerth;
Arafu'r llew, a rhifo'r llwch,
  A dofi sòr y cefnfor certh:
Nid callach ceisio siglo serch,
  A döor awch ei fryd a'i nwyf;
Mae'n maeddu mab, mae'n meddwi merch,
  'E dery'n wael y dewra'i nwyf.

Charles Buttwn, Ysw.

DIWEDD DOSPARTH MORGANWG.

DOSPARTH GWYNEDD.

IFOR. Yn awr, ar ol myned dros Ddosparth Morganwg, yr wyf am gael eglurhad ar Ddosparth Gwynedd, fel y gallwyf weled y gwahaniaeth sy rhyngddynt.

ARTHUR. Mae Dosparth Gwynedd yn cael ei egluro yn y Gramadegau yn gyffredin; o ganlyniad, nid oes achos i ni fod yn fanwl iawn wrth ymdrin ag ef. Ar yr un pryd, gan ein bod wedi myned dros un Dosparth, ein dyledswydd yw myned dros y llall hefyd, yn hytrach nâ gadael ein gwaith yn anorphenol.

I. Wrth fyned yn mlaen, yr wyf am i ti ddangos i mi yn mha bethau y mae y ddau Ddosparth yn gwahaniaethu, os byddi gystal.

A. Lled debyg y byddi yn gweled hyny yn amlwg dy hun, dim ond i ti gymmeryd y drafferth o gymharu y ddau â'u gilydd. Etto, dichon y rhoddaf ambell awgrym i ti, er cyfeirio dy sylw at y gwahaniaeth.

I. Heb ymdroi ychwaneg, bydded i ti ddechreu yn awr, ynte.

A. O'r goreu, dechreuwn ar

Y CYHYDEDDAU.

Yn ol Dosparth Gwynedd, saith Cyhydedd sydd, y feraf yn bedwarsill, a'r hwyaf yn ddegsill. Dyma eu henwau, ac enghreifftiau o honynt:—

1. *Y Gyhydedd Fer*, ar yr hon y cenir Cywydd Deuair Byrion, &c.

    Mor deg mae'r dydd.   4 sill

2. *Y Gyhydedd Wen*, yr hon a arferir yn y Mesur a elwir Y Gyhydedd Hir:—

    Plant wylant eilwaith.   5 sill

3. *Y Gyhydedd Las*, a arferir mewn Clogyrnach, ac ail linell Englyn, &c.

    Adeilad i deulu.   6 sill

4. *Y Gyhydedd Gaeth*, a arferir mewn Cywydd Deuair Hirion, &c.

    Caboli meini mynor.   7 sill

5. *Y Gyhydedd Draws*, a arferir yn y Mesur a elwir Cyhydedd Fer:—

    Sain y delyn sy'n y dalaeth.   8 sill

6. *Y Gyhydedd Drosgl*, ar yr hon y cenir Gwawdodyn, &c.:—

    A dan gamu dros lydain gymoedd.   9 sill

7. *Y Gyhydedd Hir*, yr hon a arferir mewn Hir a Thoddaid:

    Mewn Hir a Thoddaid mwynheir iaith addas.   10 sill

Yn ychwanegol at y rhai hyn arferir Cyhydedd drisill, ar ddiwedd pennill yn y Mesur a elwir Gorchest y Beirdd.

I. Dyna un gwahaniaeth amlwg rhwng y ddau Ddosparth wedi dyfod i'r golwg eisoes; oblegyd y mae dwy Gyhydedd yn ychwaneg yn Nosparth Morganwg nag sydd yn un Gwynedd, sef yr un un-sill-ar-ddeg a'r un ddeuddeg sill. Yn awr, dos yn mlaen at y Mesurau.

Y MESURAU.

Arthur. Rhenir Mesurau Gwynedd yn dri Dosparth:—
1. Englynion; 2. Cywyddau; 3. Awdlau. Rhenir yr Englynion hefyd yn ddau ddosparth, sef Unodl a Phroest. Mae tri

math o Englynion Unodl hefyd, sef Unodl Union, Unodl Cyrch, ac Unodl Crwcca.

I.—ENGLYN UNODL UNION.

Mae yr Englyn Unodl Union yr un fath yn y ddau Ddosparth; o ganlyniad, nid oes angen ymhelaethu arno yma, dim ond rhoddi un enghraifft yn unig.

Y MORGRUGYN.

Gofalus, hadog filyn,—a ŵyr werth
  Awr haf yw'r Morgrugyn;
Daw â'i faeth i'w glyd fwthyn,
A throsa ddoeth wers i ddyn.
Meudwy Glan Elai.

II. ENGLYN UNODL CYRCH.

IFOR. Pa fath Englyn yw yr Unodl Cyrch, Arthur?
ARTHUR. Cynnwysa bedair llinell seithsill yr un; y ddwy flaenaf yn cydodli fel pennill o Gywydd, a'r drydedd ar odl wahanol, diwedd yr hon sydd i gydodli â gorphwysfa y bedwaredd, ac y mae'r bedwaredd i fod yn unodl â'r ddwy flaenaf, fel y canlyn:—

JOB.

Gwr penaf, doethaf Gwlad Us,
Gwyn addurn gogoneddus!
Ni fydd hen angen ar neb
Wêl ei wyneb haelionus!—*Cawrdaf.*

I. Nid yw hwn yn debyg i un o'r ffurfiau sydd ar Englyn yn Nosparth Morganwg beth bynag.
A. Nac ydyw; ac o ran hyny, nid *Englyn* yw ychwaith, oblegyd nid oes nôd Englyn arno. Yn Nosparth Morganwg gelwir y Mesur hwn yn Driban Cyrch, neu Driban Morganwg; ond rhoddodd Dafydd ab Edmwnd yr enw Englyn iddo.

III.—ENGLYN UNODL CRWCCA.

IFOR. A ydyw y ddau Ddosparth yn gwahaniaethu o barth ffurf yr Unodl Crwcca?
ARTHUR. Na, y maent yn cytuno am *y ffurf*, ond yn annghytuno mewn peth arall; hyny yw, y mae yr Unodl Crwcca yn ffurfio un o Bedwar Mesur ar Hugain Gwynedd, tra y mae pob ffurf ar Englyn yn gael ei gymmeryd i mewn i un o Bedwar Ansawdd ar Hugain Morganwg. Heb ychwanegu, dyma enghraifft:—

> Gofynaf, holaf eilwaith,
> A ddaw y llu o'r bedd llaith?
> Ffug ddoethion oerion araith—yn un bwrn
> Och! gwiwbwrn yw'ch gobaith.—*Cynddelw*.

IV.—PROEST CYFNEWIDIOG.

IFOR. A oes gwahaniaeth rhwng Proest Cyfnewidiog y ddau Ddosparth?

ARTHUR. Dim ond hyn,—cyfyngodd D. ab Edmwnd ef i'r Gyhydedd Seithsill yn ei Ddosparth ef, tra mae rhyddid i broestio ar gyhydeddau ereill yn Nosparth Morganwg. Rhesodd ef yn mhlith yr Englynion hefyd, pan nad yw yn Englyn o gwbl. Dyma enghraifft:—

> Yn iach oll awen a chân,   *a*
> Yn iach les o hanes hên,   *e*
> A'i felus gaingc a'i flas gwin;   *i*
> Yn iach i'm mwyach ym Môn   *o*
> Fyth o'i ol gael y fath un;   *u*
> Yn iach bob sarllach a swn,   *w*
> Un naws â dail einioes dyn!   *y*
>   *Gro. Owain.*

V. PROEST CADWYNOG.

IFOR. A wnaeth D. ab Edmwnd ryw gyfnewidiad yn y Mesur hwn?

ARTHUR. Y cwbl a wnaeth iddo oedd ei gyfyngu i'r Gyhydedd Seithsill, a chyfyngu hyd y pennill i bedair llinell; tra y gellir, yn ol Dosparth Morganwg, gadwynodli ar dair neu bedair Cyhydedd, a hyd y pennill yn bedair, chwech, neu wyth llinell. Dyma enghraifft yn unol â Dosparth Gwynedd:—

> Y gelyn llym galon llew,
> Er ei droi hwnt i'r môr draw,
> Er gwae dost, â'i lurig dew,
> I Fôn dêg ëofn y daw.—*Cawrdaf*.

CYWYDDAU.

Dywedir yn y Gramadegau mai tri math o Gywydd sydd yn Nosparth Gwynedd, sef Cywydd Deuair (neu ddwy linell), yn ddau ryw, Byrion a Hirion; Cywydd Llosgyrnog, ac Awdl Gywydd.

VI. CYWYDD DEUAIR BYRION.

IFOR. Pa fath Fesur ydyw hwn, Arthur?

ARTHUR. Hyd ei linellau yw pedwar sill yr un, ac hyd y

pennill yw dwy linell; nid yw yn fwy na llai nâ chanu Gorchan pedwarsill yn frithodl; neu, yn hytrach, gorphen y llinellau un yn unsill a'r llall yn lluossill. Dyma enghraifft:—

> Afiaeth ofer,
> Y sydd is ser.—*Gro. Owain.*

Oherwydd ei fyrdra, anaml y cenir ef wrtho ei hun, ond yn nghysswllt â Mesur arall, fel hyn:—

> Gwaeledd gelyn
> Yw gwawd a gwŷn;
> A fyddai doeth fodd y dyn,—trwy wrthladd
> A barai angladd i bêr Englyn.—*P. Fardd.*

VII. CYWYDD DEUAIR HIRION.

ARTHUR. Mae hwn yr un fath â Chywydd Dosbarth Morganwg. Dyma enghraifft:—

> O! Amaethwr, borthwr byd,
> Ei nerth ddibyna wrthyd.—*R. Ddu o Wynedd.*

VIII. CYWYDD LLOSGYRNOG.

IFOR. Pa fath Gywydd yw hwn, a pha fodd y mae ei wneyd?
ARTHUR. Perthyna hwn i Hypynt yr Hen Ddosparth. Gellir ei wneyd mewn dwy ffordd,—1. Trwy ffurfio dwy linell wythsill yn cydoli, a llinell seithsill yn Llosgwrn, a hono yn odli yn wahanol, ond bod ei gorphwysfa yn unodl â'r ddwy flaenaf, fel hyn:—

> Caniad enwog cenadwri
> O rad enwog a roed ini,
>   Proffwydi pur hoff ydoedd;
> Llona' geiriau llawn o gariad,
> A chysgodau iachus Geidwad,
>   Mabwysiad yn mhob oesoedd.—*R. Hugh.*

Cyssyllta rhai Doddaid wrtho, fel hyn:

> Pur y noddodd bob rhinweddau,
> A chyhuddodd ddrwg fucheddau,
>   Yn ei deithiau bendithiol;
> Er neb ni thröai yn ol,—llafuriai,
> Treuliai a feddai yn ufuddol.—*Gutyn Peris.*

IX. AWDL GYWYDD.

IFOR. Pa fath un yw Awdl Gywydd?
ARTHUR. Dwy linell o Golofn Prydain yr hen Ddosparth ar

y Gyhyledd Seithsill ydyw, sef gosod prifodl y llinell flaenaf i gydodli â gorphwysfa yr ail, fel hyn:—

>Llwyth Trefor, llu waith tra*fael*,
>Llew ebrwydd h*ael* llwybraidd hedd.
>
>*Simwnt Fychan.*

DAU YN NGHYD.

>I'r ffos a wnaeth, lawgaeth lid,
>Swrth ofid, y syrth efo
>Ei ddrwg i'w ben, gynen gâr,
>Drwy watwar a dry etto.—*G. Canoldref.*

AWDLAU.

Ifor. Beth sydd i'w ddeall wrth yr enw Awdlau yn Nosparth Gwynedd?

Arthur. Yn mhlith y Mesurau, cyfrifir y rhai canlynol yn nosparth yr Awdlau:—Toddaid, Byr a Thoddaid, Hir a Thoddaid, Gwawdodyn Byr, Gwawdodyn Hir, Hypynt Byr, Hypynt Hir, Clogyrnach, Cyrch a Chwtta, Cyhydedd Fer, Cyhydedd Hir, Cyhydedd Nawban, Gorchest y Beirdd, Cadwyn Fer, Tawddgyrch Cadwynog.

X. TODDAID.

Ifor. Pa fath Fesur yw Toddaid Dosparth Gwynedd?

Arthur. Tebyg i Doddaid Hir yr Hen Ddosparth ydyw, yn cynnwys dwy linell, y flaenaf yn ddegsill, a'r ail yn nawsill, a'r Gair Cyrch i odli â gorphwysfa yr ail. Fel hyn:—

>Eiddunwn i'n prif ddynes,—mewn trwyadl
>Ferw, o un anadl—"Byw fo'r Frenines."—*Eben Fardd.*

XI. BYR A THODDAID.

Ifor. Eglura i mi pa fath Fesur yw Byr a Thoddaid, yn nghyd â pha fodd y mae ei wneyd.

Arthur. Cynnwysa 64 o sillau; ac wyth llinell yw hyd y pennill. Math o Gynghawg o'r Hen Ddosparth ydyw, a gwneir ef fel y canlyn:—Yn y dechreu gosodir Toddaid Byr, fel ar ddechreu Englyn Unodl Union; yna gosoder pedair llinell, sef Gorchan Pedryfan wythsill, yn unodl â'r Toddaid ar y dechreu; ac i'w ddiweddu gosodir Toddaid Byr, fel ar ddiwedd Unodl Crwcca. Fel hyn:—

YR ADAR.

>Hwy ânt, ehedant, wiw heidiau—ysgawl,
> Ar esgyll gwawl forau;
>O du'r dwyrain 'e dyr dorau
>Bro gwawl anwyl, bur gu lenau,

> Clywch, chwi ddynion, clych o ddoniau
> Y mân adar, a'u mwyn nodau,
> Llu nefoedd oll yn ufuddhau—mewn mawl
>   Yn unawl—O, ninau!—*Thomas Gwynedd*.

XII. HIR A THODDAID.

IFOR. Pa fath Fesur yw Hir a Thoddaid, a pha fodd y mae ei wneyd?

ARTHUR. Ffurfiodd D. Ab Edmwnd y Mesur pert hwn trwy gyssylltu Toddaid Hir wrth bennill Gorchan ar y Gyhydedd Ddegsill. Dywedir yn y Gramadegau mai tri ugain sill sydd i fod ynddo. Os mai *pedair llinell* fydd yn blaenori Toddaid o ugain sill, wrth gwrs tri ugain sill fydd hyd y pennill; ond yn fynych mewn Awdlau fe geir pennillion ar y mesur hwn yn cynnwys mwy nâ thri chant o sillau, am y caniateir gosod deg neu ddeuddeg, neu ychwaneg o linellau o flaen y Toddaid. Dyma enghraifft o Hir a Thoddaid cyffredin:—

ALBERT DDA.

> Marw ei Thywysog, trwm hiraeth iasol
> Wasga fynwes y Deyrnas Gyfunol;
> Colli ei noddwr, gwr mor rhagorol,
> Barai glod iddi, ei bri gwladyddol;
> Os yw'n haddurn seneddol—yn y bedd,
> Ei enw a'i fawredd sydd yn anfarwol.
>   *Ifor Cwm Gwys*.

XIII. GWAWDODYN BYR.

IFOR. Yn awr, Arthur, gad i mi gael gwybod pa fath Fesur yw hwn etto?

ARTHUR. Cynnwysa pennill o hwn bedair llinell, y ddwy flaenaf yn nawsill yr un, ac yn cydodli, a Thoddaid Hir yn nglyn â hwy. Neu mewn geiriau ereill, ffurfiodd D. ab Edmwnd y Mesur hwn trwy gyssylltu Toddaid Hir, pedwar sill ar bymtheg, wrth ddwy linell Gorchan ar y Gyhydedd Nawsill. Dyma enghraifft:—

LEWIS MORRIS, YSW.

> Mesurai, gwyddai bob agweddion,
> Llun daiar ogylch, llanw dwr eigion,
> Amgylchoedd moroedd mawrion,—a'u cymlawdd,
> Iawn y dangosawdd nid annghyson.—*G. Owain*.

XIV. GWAWDODYN HIR.

IFOR. Beth yw y gwahaniaeth rhwng Gwawdodyn Byr a Gwawdodyn Hir?

ARTHUR. Yr unig wahaniaeth sydd rhyngddynt yw hyn, sef mai dwy linell nawsill sydd yn blaenori y Toddaid mewn Gwawdodyn Byr, a phedair yn blaenori y Toddaid mewn Gwawdodyn Hir. I Dafydd ab Edmwnd yr ydym yn ddyledus am yr enwau hyn, ac efe a drefnodd y naill a'r llall o honynt yn Fesur yn ei Ddosparth, ond arferid canu yn y dull hwn cyn ei amser ef. Dyma enghraifft o Wawdodyn Hir:—

LLONGAU.

Hyd ael neifion yn dawel nofiant
Dan eu hurddau, ei donau harddant;
I'r uwchafion eu benyr chwyfiant,
A rhwysg hygar hwy a ysgogant,
A rheolaidd yr hwyliant,—a'u hardd-deb
Ar hyd wyneb y môr a daenant.—*Hwfa Môn.*

XV. HYPYNT BYR.

IFOR. Pa fath Fesur yw Hypynt Byr?
ARTHUR. Dwy linell sydd mewn pennill o Hypynt Byr, y flaenaf yn bedwar sill, a'r ail yn wythsill; ac y mae pedwerydd sill yr ail linell i fod yn unodl â diwedd y llinell flaenaf. Nid yw o bwys pa un a fydd cynghanedd yn y llinell flaenaf ai peidio, ond rhaid cael cynghanedd yn yr ail. Fel hyn:—

Brenin hawddgar
Ar y ddaiar i'r Iuddewon.—*G. Canoldref.*

Anfynych y gwelir pennill wrtho ei hun o'r Mesur hwn, o herwydd ei fyrdra ond gosodir dau bennill yn nghyd, fel hyn:—

Diflanedig,
Darfodedig, dorf o dadau,
Do, caethgludwyd,
Dirfawr hudwyd, dorf o'r hadau.
Lewis Hopkin.

XVI. HYPYNT HIR.

IFOR. Beth yw y gwahaniaeth rhwng Hypynt Byr a Hypynt Hir.
ARTHUR. Y cwbl o'r gwahaniaeth rhyngddynt yw,—fod tair llinell mewn pennill o'r Hypynt Hir, a dim ond dwy yn y Byr, fel y gweli yn amlwg wrth yr enghraifft ganlynol, lle y mae dau bennill yn nglyn:—

Y GWLITH.

Gemau arian,   A gwna hardd-deb
Gwlith cyssegrlan,   Eu bywioldeb,
Sy ar anian yn serenu;   I wael wyneb ddwyfol wenu!
Hwfa Môn.

XVII. CLOGYRNACH.

Ifor. A oes rhyw wahaniaeth rhwng pennillion Clogyrnach y Ddau Ddosparth?

Arthur. Oes, y mae hyn o wahaniaeth, sef bod mwy o ryddid o lawer i'r awenydd yn yr Hen Ddosparth nag sydd yn Nosparth Gwynedd, am fod y Mesur wedi ei gyfyngu i ffurf *neillduol* ar bennill yn yr olaf, tra y mae amrywiaeth o ffurfiau ar bennillion yn y blaenaf.

I. Beth yw y rheol gyda golwg ar y Mesur hwn yn ol Dosparth Gwynedd?

A. Hyd y pennill yw pum llinell; y ddwy flaenaf yn wythsill yr un, ac yn cydodli; y ddwy nesaf yn bumsill yr un, ac yn cydodli, ond yn wahanol i'r ddwy flaenaf; a'r llinell olaf yn chwesill, a'i diwedd yn unodl â'r ddwy linell flaenaf, a'i chanol yn cydodli â'r ddwy linell nesaf ati, fel hyn :—

> Fy iaith gywraint fyth a garaf,
> A'i theg eiriau iaith gywiraf,
>   Iaith araith eirioes,
>   Wrol, fanol foes,
> Er f'einioes, a'r fwynaf.—*Gro. Owain.*

XVIII. CYRCH A CHWTTA.

Ifor. Gad i mi gael gwybod genyt pa fath Fesur yw Cyrch a Chwtta.

Arthur. Ffurfiodd D. ab Edmwnd y Mesur hwn trwy gyssylltu chwe llinell Gorchan ar y Gyhydedd Seithsill â dwy linell yn cynnwys odl gyrch ar yr un Gyhydedd. Math o Gynghawg o'r Hen Ddosparth ydyw. Fel yr awgrymwyd, cynnwysa pennill arno wyth llinell seithsill yr un, y chwech flaenaf yn cydodli, y seithfed yn odli yn wahanol, a gorphwysfa yr wythfed yn unodl â diwedd y seithfed, a'i diwedd yn unodl â'r llinellau blaenaf. Fel hyn :—

> Y GYMRAEG.
> Neud esgud un a'i dysgo,
> Nid cywraint ond a'i caro,
> Nid mydrwr ond a'i medro,
> Nid cynnil ond a'i cano,
> Nid pencerdd ond a'i pyngcio,
> Nid gwallus ond a gollo
> Natur ei iaith, nid da'r wedd,
> Nid rhinwedd ond ar hono.—*Gro. Owain.*

XIX. Y GYHYDEDD FER.

Ifor.] [Beth yw y rheol gyda golwg ar y Mesur hwn, Arthur?

Arthur. Hyd pennill ar y Gyhydedd Fer yw pedair llinell wythsill yr un, ac yn cydodli yn lluossill; neu mewn geiriau ereill, pennill pedryfan Gorchan Wythsill o'r Hen Ddosparth. Dyma enghraifft:—

> Y Gyhydedd Fer a gadwn,—
> I goll annghof nis gollyngwn
> Un o'i geiriau,—hon a garwn,
> A'i gwin melus a ganmolwn.—D.M.

XX. Y GYHYDEDD HIR.

Ifor. Gallwn feddwl wrth yr enw Cyhydedd Hir fod llinellau go hirion yn mhennillion y Mesur hwn; a thrag at i mi weled y Mesur yn iawn, carwn i ti egluro ei reol, a rhoddi pennill yn enghraifft.

Arthur. Na, nid yw llinellau y Mesur hwn yn hirion; o ganlyniad, nid yw yr enw yn cyfateb i'r Mesur o gwbl. Hyd pennill ar ei ben ei hun ar y Mesur hwn yw tair llinell, sef dwy linell bumsill yr un yn cydodli, a llinell nawsill yn odli yn wahanol, a'i phumed sill yn unodl â'r llinellau blaenaf, fel hyn:—

> Y gwr a garodd,
> Y ddynes ddenodd,
> I'w ran, a cheisiodd rin ei chusan.—D.M.

Anaml y gosodir pennill fel yma ar ei ben ei hun, ond cyssylltir dau yn nghyd, fel pennillion Hypynt (ac Hypynt ydyw o ran hyny), fel y canlyn:—

> Dedwydd ddydd a ddaw,
> Gofid, llid, gerllaw,
> A dry yn hylaw dirion helynt;
> Ni chawn, digllawn daith,
> Glywed, gweled gwaith
> Nych angau hirfaith na chynghorfynt.
> *D. Ddu Eryri.*

XXI. Y GYHYDEDD NAWBAN.

Ifor. Pa fath Fesur yw y Gyhydedd Nawban, Arthur?

Arthur. Gwell enw ar y Mesur hwn yn ddiau fuasai Cyhydedd Nawsill; oblegyd yr un peth yw *bàn* â llinell, mewn Mesur; ac nid *Naw Bàn* sydd i'w ddeall wrth yr enw, ond *Naw Sill*. Mae'r Mesur hwn yr un fath â'r Gorchan Nawsill yn yr Hen Ddosparth, ond bod hyd y pennill wedi ei gyfyngu gan Dafydd ab Edmwnd i bedair neu chwe llinell. Dyma enghraifft:—

> Awyr longau a welir lengoedd
> Annifeiriol, yn y nef-foroedd,
> Yn llu bwriant i'n holl aberoedd
> Ni, o nwyfau penaf y nefoedd.—*Tegai.*

XXII. GORCHEST Y BEIRDD.

Ifor. Yr wyf wedi clywed llawer o son am Orchest y Beirdd, ac wedi clywed llawer o feio arno am ei gaethder; yn awr gad i mi gael clywed genyt pa fath Fesur ydyw, fel y gallwyf farnu droswyf fy hun.

Arthur. Rhaid addef mai Mesur digon afrywiog ydyw ar y goraf, ac un anhawdd iawn i gael synwyr i'w linellau, o herwydd eu byrdra. Mae rhywbeth yn debyg yn ei ffurf i'r Gyhydedd Hir, ond bod ei linellau yn fyrach. Hyd pennill yn hwn yw tair llinell, ac nid oes ond 15 sill yn y tair; ond gosodir dau bennill yn nghyd fynychaf, fel Hypynt. Dull ei wneuthuriad yw gosod dwy linell pedwar sill yr un yn cydodli i ddechreu, a llinell seithsill i ganlyn, a'i phedwerydd sill yn unodl a'r llinellau blaenaf, a'i phrifodl yn wahanol; rhaid i ail sill y llinellau fod yn unodl hefyd. Dyma enghraifft ddyblyg, o waith y gwr a ffurfiodd y Mesur:—

> Y rhwydd air hir,
> O'i chwydd, och wir,
> I'w swydd a'i sir y sydd saeth;
> Ei dwyn o'i dydd,
> Em fwyn im' fydd,
> Yn gwyn a gwŷdd ugain gwaeth.—*D. ab Ed.*

XXIII. Y GADWYN FER.

Ifor. Yn awr, Arthur, mi garwn i ti egluro y rheol gyda golwg ar gyfansoddi y Gadwyn Fer yma etto, fel y gallwyf wybod pa fodd y mae ei gwneyd.

Arthur. Mae cryn gywreinrwydd yn perthyn i'r Mesur hwn, a gwir angen ei egluro, gan fod rhai o'n Gramadegwyr yn rhoi pennillion nad ydynt yn hollol gywir yn enghreifftiau. Hyd pennill ar y Mesur hwn yw pedair llinell, wythsill yr un; a rhaid i bedwar sill blaenaf a phedwar sill olaf pob llinell groes gynghaneddu yn rhywiog. Yn ychwanegol at hyny, mae yn rhaid i ddiwedd y llinell flaenaf odli â gorphwysfa'r ail, a diwedd yr ail i odli â gorphwysfa'r drydedd, a diwedd y drydedd i odli â gorphwysfa'r bedwaredd; a diwedd y llinellau yn odli bob yn ail linell, fel Proest Cadwynog. Fel hyn:—

> Pur lân afAL, perl y nefoedd,
> Da iawn ydoedd, dianwadAL;
> Gair i gynnAL geiriau gannoedd,
> O'r eithafoedd, araith ddyfAL.—*J. Hughes.*

XXIV. TAWDDGYRCH CADWYNOG.

IFOR. Yr wyf wedi clywed rhai yn dweyd mai un anhawdd iawn ei wneyd yw Tawddgyrch Cadwynog; am hyny, yr wyf am gael gwybod a oes rhyw gywreinrwydd neillduol yn perthyn iddo, ac os oes, pa beth ydyw?

ARTHUR. Dyma *Euclid* y Caeth Fesurau, ac y mae dirgelwch yn perthyn iddo nad oes nemawr yn gwybod am dano; ac nid oes un o bob deg o'r pennillion a roddir yn enghreifftiau o'r Mesur yn gywir. Dywedir fod y pedair llinell flaenaf o hono fel Cadwyn Fer. Gwir fod yma debygolrwydd, ond etto y mae cryn wahaniaeth rhyngddynt; ac y mae dechreu y Tawddgyrch yn anhawddach ei wneyd o lawer. Yn y Mesur dyrus hwn, rhaid i'r pedair llinell flaenaf fod yn wythsill yr un, ac wedi eu plethu yn y dull cywrain canlynol:—Yn gyntaf, rhaid i bob un o'r pedair gynnwys Cynghanedd Groes Rywiog. Hefyd, rhaid i sill cyntaf y pennill fod yn unodl â diwedd yr ail linell; ac felly bydd sill blaenaf ac olaf y pennill yn unodl. gan fod y llinellau yn odli bob yn ail. Yn ychwanegol at hyn, rhaid i ddiwedd y llinell flaenaf gydodli â gorphwysfa yr ail; ond nid oes angen i ddiwedd yr ail gydodli â gorphwysfa y drydedd, fel mewn Cadwyn Fer, ond rhaid i ddiwedd y dryledd gydodli â gorphwysfa y bedwaredd; ac y mae gorphwysfâon y llinell gyntaf a'r drydedd i fod yn cydodli, ac felly yr ail a'r bedwaredd. Nid dyna'r cwbl—y mae'r prif ddirgelwch ar ol; hyny yw, y mae'r odlau y soniwyd am danynt i fod yn ddyblyg, sef yn ddau sillog, megys *holi* a *moli*, *cysgu* a *dysgu*, i ateb eu gilydd. I orphen y pennill, gosodir dau Hypynt Hir wrth y rhan flaenaf; a *dylai* odlau boniaid yr Hypynt fod yn ddyblyg, fel eiddo y llinellau blaenaf, er y *goddefir* iddynt fod yn unsillog. Yn awr, rhag i neb feddwl ein bod yn ychwanegu caethder at y Mesur hwn, gosodwn yma ychydig o *hen* enghreifftiau i ddangos y cywreinrwydd a nodwyd.

MYNACHLOG NEDD.

*T*ônau graw*nwin*, tân Gwer**INOEDD**,
Trilliw gwin**OEDD** trallau gwei*nion*,
Tai byrnhaw*nwin*, tŷ brenh**INOEDD**,
Troe fydd**INOEDD** torf o ddy*nion*;
Teml urdd*olwaith*,
Trwy ras*olwaith*,
Tŵr nef*olwaith*, tai'r nef*olion*:
Tŷ rheol*waith*,
Trwy fan*olwaith*,
Tŷ duwiol*waith* y Tad*olion*.

Lewis Morganwg, 1490.

I HARRI'R WYTHFED.

Di-draws *weled* dy drosoLION,
Dyro hoLION daiar *heli*;
Duw a gwn*eled* digonoLION
Dy waedoLION da y d*eli*;
Dod ar BOLION anffyddoLION,
Dysg ysgoLION dasg, os gw*eli*;
Dal heb doLION Ffraingc hudoLION,
DremunoLION draw mewn *eli*.

Sion Brwynog o Fôn, tua'r flwyddyn 1515.

Er dangos mai nid D. ab Edmwnd gynlluniodd y Mesur hwn, rhoddwn yma bennill i ddangos y dull ei cenid cyn ei eni ef. Cyfansoddwyd hwn erbyn Eisteddfod Monachlog Penrhys, yr hon a ddinystriwyd yn 1414; ond nid yw yr odlau dyblyg yn rhan flaenaf y pennill hwn.

MAIR, MYNACHES PENRHYS.

ONen *wyra* dan wn Ur*ael*,
A'n dyrchaf*ael* yn dra chyfioN
Ar lun Adda wawr luneidd*ael*
I bur wasael EbrywysioN;
Mair, pan *aned*, Mair fu'n pl*aned*,
Mair o'i gl*aned* meirw gelynioN;
Mair amc*aned*, Mair yn m*aned*,
Mair ddidd*aned* myrdd o ddynioN.

Gwilym Tew.

Yn awr dyma ni wedi myned dros y Cynghaneddion, a'r gwahanol Fesurau yn ol y Ddau Ddosparth, a dim ond i ti fynych ymarfer â hwynt deui yn feistr arnynt.

DIWEDD DOSPARTH GWYNEDD.

AMRYWION.

Y CYMMERIADAU.

IFOR. Beth sydd i'w ddeall wrth yr enwau Cymmeriad a Chymmeriadau mewn Barddoniaeth?

ARTHUR. Mae ychwaneg nag un math o honynt, fel y caf ddangos i ti yn y drefn ganlynol:—

1. CYMMERIAD LLYTHYRENOL. Yr hyn sydd i'w ddeall wrth

yr enw Cymmeriad Llythyrenol yw, bod llinellau pennill yn dechreu i gyd ar yr un gydsain, fel hyn:—

CYBOH A CHWTTA.

Duw imi, da ei ammod
Dros y baich dyrus bechod;
Duw di gam, dod dy gymmod,
Didwyll eng, dod ollyngdod;
Dod gleisiau, Dad glau osod,
Difai, pur, dy Fab parod;
Dyna rād a doniau rhwydd
Dawn f' Arglwydd, da Naf eurglod.

Edward Evans, Toncoch.

Cymmeriad Llythyrenol hefyd yw bod llinellau pennill yn dechreu â llafariaid; ac nid yw yn dòr gymmeriad os dygwydd i gydsain fod yn eu plith:—

Y GWAIR.

Y gwair a ddaw'r gweryd,
A gawn yw barf gwyneb byd;
A'r lem bladur loywddur lân
Idd ei heillio ddaw allan;
A'r gweirwr yn farfwr fydd,—
Hwn a'i ellyn dry'n eillydd.—D.M.

2. CYMMERIAD CYNGHANEDDOL. Gwneir y cywreinrwydd hwn trwy osod geiriau blaenaf llinellau cypledig i groes gynghaneddu â'u gilydd, megys y gwelir yn y llinellau canlynol:—

BRON a'i deil bryn y dolur,
BRAIDD na'm hyllt â'r gorwyllt gur;
O nythlwyth calon bron brid,
Yn ethlych o annoethlid;
CYFYD rhyw son o honof,
CYFING cawdd o uthring cof;
Rhian fy nghof a'm gofyn,
Rhuad tost am yr hud hyn.—D. ab Gwilym.

ETTO.

Ei mawl a wnaf, aml iawn yw,
Ym un dyn, o'm min y daw;
Y MAE ei chlod, em wych liw,
O MYN ei dwyn y mae'n dew.—D. ab Edmwnd.

3. CYMMERIAD SYNWYROL. Dyma'r enw a roddir ar y dull a arferir yn gyffredin o orphen synwyr y llinell gyntaf yn yr ail, neu yn mhellach, fel hyn:—

Llwyd gymyl tew'r gorllewin
Yw bedd yr haul—bodda'i rin.—*Telynog.*

Yna Uriel yn orhardd,
Eurwych fod, godai'n arch fardd;
A'i bêr awen bur hyawdl
I Dduw gyfansoddai awdl.—*Meiriadog.*

4. CYMMERIAD TRYCH-HOLLT, sef rhanu gair yn ddau i ddechreu dwy linell:—

Gwen, ferch Hywel wehelyth,
Llian, ni bydd llawen byth.
    Ieuan ab Hywel Swrdwal, 1460.

5. CYRCH CYMMERIAD, sef cyrchu gair neu ychwaneg o ddiwedd un Englyn i ddechreu y llall, fel hyn:—

GWLADGARWCH.

Gwladgarwch,—golud gwrol,—agafwyd
  O gyfoeth bendithiol;
  I'w feddu yn wirfoddol
  Na fid i neb *fod yn ol,*

Fod yn ol hefyd un awr,—heb arfer
  Ei burfaith les dirfawr,
  Trwy ein gwlad gledfad glodfawr—
  Ynys Prydain firain *fawr.*

A *mawr,* uwch y llawr, a llwch,—o ddynion
  A ddenodd Gwladgarwch,
  Wŷr union, hoff lewion fflwch,
  I gyrhaedd pob *hawddgarwch.*

Hawddgarwch, degwch dygant,—heb anair,
  P'le bynag ymdreiglant;
  Yn eu plith yno, a'u plant,
  Ei fawredd a *arferent.*

Arferant bob rhyw fwriad—o'i drefnus
  Ddaionus wiw ddeniad,
  A'i enwog les yn eu gwlad
  Liwgar yn mhob *amlygiad.*

Amlygiad o'i rad a rydd—i luoedd,
  Lawer o lawenydd
  Pur a da, tra paro dydd
  Goleudeg yn *y gwledydd.*

Y gwledydd llawn o glydwch—lle byddo
    Llu buddiol Gwladgarwch,
  Ni cha gâlon troion trwch
  Diddeunydd un *dyddanwch*.

Dyddanwch da i ddynion—yw goror
    Gwladgarwch mwyneiddlon;
  Lle mae cynnyrch llewyrch llon
  Da degwch Duw a *digon*.

Digon i weinion unawl,—a chedyrn
    Gwych odiaeth corfforawl,
  Gwladgarwch, heddwch a hawl
  Trwy gariad ynt *ragorawl*.

Rhagorawl, unawl anian,—Gwladgarwch
    Gled, gywrain, trwy'r cyfan,
  Ar led,—O! deillied allan,
  I bawb mwy, ac i *bob man*.

Pob man oll, a rhan lle rhed,—daw undeb,
    Daw iawnder i'w weled,
  A mwynder lawer ar led
  Yn addas, a *llawn nodded*.

Llawn nodded a llonyddwch—da erfawr
    Diorfod a heddwch;
  A chariad iawn hofflawn fflwch,
  Gwiriaf yw glân *Wladgarwch*.
Roger Williams.

GOSTEG.

IFOR. Beth yw Gosteg o Englynion?

ARTHUR. Gosteg yw Deuddeg Englyn, i gyd yn unodl. Gan fod yr enghreifftiau yn brinion, ac nad oes genyf un o deilyngdod uchel wrth law, nid oes genyf ddim i'w wneyd ond rhoddi y Gosteg canlynol, ar y brifodl *edd*:—

Y DDYNOLIAETH.

Yn Eden gain ei nodwedd,—'e welwyd
    Dynoliaeth mewn mawredd;
  A'i gorswynol hudol wedd,
  Yn synu'r nefol senedd.

Aur adail, a phrif anrhydedd—Duwdod
    Ydoedd *dyn* heb lygredd—
  Delw Duw,—deiliad ei hedd,
  Yn yfed gwin tangnefedd.

Ei galon bur wnai goledd—tueddiad
   Santeiddiol at rinwedd:—
Iôn o'i lys estynai wledd
I'w enaid trwy wirionedd.

Ai'n agos mewn unigedd,—fel un doeth
   O flaen Duw a'i fawredd;
Yn gywir sant ger Ei sedd,
A duwiol iawn ei duedd.

Ein tad a'n mam cyn y camwedd—rodient
   Baradwys mewn rhwysedd;
A'u bywyd yn hyfryd hedd,
A dibechod eu buchedd.

Efa firain, gain ei gwedd,—hi ydoedd
   Bri Eden bob modfedd;
I Adda hoff, rhoddai hedd
I'w galon, ac ymgeledd.

Ei hygar brydferth agwedd,—idd ei serch
   Feddai swyn-gyfaredd:—
Ei urddawg em hardd ei gwedd,
Oedd ddenawl mewn arddunedd.

Ond aeth dynoliaeth dan waeledd,—i lwch
   Hyll hagrwch a llygredd;
Ac o achos y trosedd,
Daeth mawr boen,—daeth marw, a bedd

Hagr ellyll wnaeth agor â'i allwedd—glo'r
   Galon glyd trwy dwylledd;
I'w hudo i lwyr adael hedd,
A'i d'rysu i'w rwyd trwy drosedd.

Er hyn Iesu trwy'i hynawsedd,—hawlia
   I'r ddynoliaeth orsedd
Yn llys ei Dad, a gwlad, a gwledd
O'i dda ddewis yn ddiddiwedd.

Rhinwedd ei waed a brynodd hedd—i'r byd,
   Ac aur borth tangnefedd
Agorwyd,—daeth gwawr trugaredd
Ar y byd,—a goleua'r bedd.

Llifa i ni holl hufen hedd,—mêl, a gwin,
   Yn aml geir ddigonedd;
Drwy ei wir boen,—tu draw i'r bedd
Ni gawn Ganaan a'i gogonedd.—D.M.

Y CORFANAU.

Ior. Beth yw Corfan, Arthur?

Arthur. Ystyr y gair *côr* yw bychan; a chan y rhoddir yr enw *ban* ar linell, gellid meddwl mai llinellau bychain yw Corfanau. Rhywbeth tebyg i hyn ydynt hefyd. Yr hyn sydd i'w ddeall wrth Gorfanau yw, rhaniadau naturiol llinell neu linellau, ar y rhai y pwysleisir wrth ddarllen neu adrodd.

I. Ychydig iawn wyf fi yn gallach etto o barthed y Corfanau yma; ar yr un pryd, yr wyf yn credu dy fod wedi rhoddi i mi ryw syniad am danynt, oblegyd y mae yn amlwg i mi a phawb ereill fod yn rhaid pwysleisio ar ambell air yn fwy nâ'r lleill, wrth ddarllen, cyn y ceir y synwyr allan yn briodol.

A. Yr wyt yn eithaf iawn yn hyn; ac y mae yr un mor angenrheidiol pwysleisio yn gywir, er gwneyd y darlleniad yn llithrig a rhywiog: ac i'r dyben hyn, rhaid i'r cyfansoddwr gorfanu ei linellau yn iawn.

I. Pa sawl Corfan sydd?

A. Gwahaniaetha yr Athrawon yn fawr yn eu barnau ar hyn. Nodir wyth cywir a dau wallus yn *Nghyfrinach y Beirdd*, a chan Aneurin Fardd yn ei Raglith i *Dafol y Beirdd;* tra nad yw y Parch. J. Mills, F.R.A.S., Tegai, ac ereill, yn enwi dim ond tri.

I. Gan fod awduron o safle y rhai a enwaist yn methu cyduno, ofer fyddai i ni geisio eu cael at eu gilydd; o ganlyniad, dangos enghreifftiau o'r rhai a enwir yn *Nghyfrinach y Beirdd*.

A. Gwnaf. a dyma nhw:—

1. Corfan Crwn, neu hir. Ffurfir hwn o unsill hir, megys "dŷn," "gwaith," "dâ," "drwg," &c.

    Briw, braw, brwyn, mawr, gwyn, gaeth.—*G. Peris.*

2. Corfan Rhywiog. Gwneir hwn o ddau sill, sef hir a byr, megys "dŷnòl," "cânù," "mŷnèd," &c.

    Tŷrèd | dîriòn | hoênùs | hînòn.

3. Corfan Talgrwn, neu ddyrchafedig. Gwelir hwn ar ddiwedd geiriau lluosill fyddo yn diweddu â sain hir, a'r sain flaenorol yn fyr, megys "parhâu," "mwynhâu," "dadglôi," &c.

4. Corfan Hir, neu gydbwys. Cymmer hwn le ar y geiriau fyddont â'u sillau yn hir a chydbwys, megys "mŵyhâu," "hŵyrhâu," &c., yn nghyd â phob dau air unsill, megys "pren crin," "dydd Llun," "gwr doeth," &c.

    Mŵyn yw'r hîn, mae'n hŵyrhau.

5. Corfan Crych Dyrchafedig. Gwneir hwn o drisill, y ddau flaenaf wn fyrion, a'r olaf yn hir, megys "pàrôtôi"

"llàwènhâu," &c. Ond gwneir ef yn fynych â geiriau byrion, megys—"ewch gydâ brŷs," "deûwch yn ôl," &c.

Yn y prydnâwn cydlawenhâwn.

6. CORFAN CRYCH DISGYNEDIG. Mae hwn etto yn cael ei wneyd â thrisill—y blaenaf yn hir, a'r ddau olaf yn fyrion. Nid oes geiriau yn y Gymraeg yn cynnwys hwn, ond rhai cyfansawdd; ac nis gellir gorphen llinell ag ef, ond daw i mewn yn nghorph llinell yn felus. Mae'r seiniau i fod fel yn y geiriau *Eb'ony*, *Pel'ican*, a'r cyffelyb.

Gwêlais èf, hôffais èf, mỳnais èf, mŵy.

7. CORFAN CYMHLYG DISGYNEDIG. Gwneir hwn â thri sill, y blaenaf a'r olaf yn fyrion, a'r canol yn hir, megys "ànŵylyd," "càrêdìg," "cymmâlòg," &c.

Tywỳsòg àrddêrchòg òrddỳrchîr.

8. CORFAN CYMHLYG DYRCHAFEDIG. Gwneir hwn etto â thri sill, y cyntaf a'r olaf yn hirion, a'r canol yn fyr, megys "ỳmlànhêwch;" ac mewn geiriau rhanedig, megys "àfàl côch," "bâchgèn pêrt," &c.

Gỳdà brỳs | awn i'r llỳs | hwn èr llŵydd.

Y CORFANAU BEIUS.

1. CORFAN TRWM. Corfan Trwm y gelwir y bai lle byddo dwy sain hir i ateb eu gilydd, un ar ddechreu a'r llall ar ddiwedd llinell, a gormod o seiniau byrion rhyngddynt, fel ag i anafu y gynghanedd, megys—

Drâw y mae'n ei drylliaw'n drŵm.

Buasai yn ddifai wrth osod y ddwy sain unodl yn agosach i'w gilydd, fel hyn:—

Y mae drâw'n ei drylliaw'n drŵm.

1. CORFAN CLOFF, sef annghydbwysedd rhwng geiriau, tebyg i Gynghanedd Bengoll. Gwelir hwn yn achlysurol yn ail fraich Englyn, a hyny gan gyfansoddwyr da. Dyma enghraifft:—

Elfen y tragwyddolfyd—*yw'r enaid*,
 Rhan bery gogyhyd
A'i Naf,—ei linyn hefyd
Bydd efe ar y ddau fyd.—*Gethin*.

Yn yr Englyn hwn y mae'r Corfan Cymhlyg Disgynedig *yw'r enaid* yn ateb y Corfan Crwn *Rhan*. Buasai yn well pe buasai llafar yn canlyn y gair *Rhan*, megys *Rhan a saif gogyhyd*. Barnwyf fod hynyna yn ddigon ar y Corfanau, a chauwn yr Ysgol ar hyn.

DIWEDD.

ENWAU Y TANYSGRIFWYR.

Arglwyddes Llanover, (Gwenynen Gwent,) 3 chopi
Henry Richard, Ysw., A.S., 270, Kennington Park Road, London, S.W., 3 chopi

A
Abraham, W. R. (Abram Fardd), Merthyr. 6 copi

B
Bevan, Joseph (Gwentydd), Sirhowy
Benjamin, T. (Cynfelyn), Rhymney
Beynon, John (Ieuan Lwyd), Merthyr
Brereton, A. J. (Andreas o Fôn), Mold, Flintshire

C
Charles, Daniel (Bro), Sirhowy
Collins, John (Morgrugyn Gwent), Blaenau, 2 gopi
Cosslett, William (Gwilym Elian), Crumlyn
Cosslett, Cosslett (Carn Elian), Groeswen, 4 copi
Curnew, Thomas, Colliery Agent, Treherbert

D
Daniel, Rhys T., Merthyr
Davis, David, Glebeland St., Merthyr, 2 gopi
Davis, David (Dewi Alaw), 9, Bowser St., Stockton, 6 copi
Davies, D. (Dewi Mynwy), Rhymney, Mon.
Davies, E. (Llwydfardd), Rhymney, Mon.
Davies, Ezekiel (Gwentwyson), Sirhowy, Tredegar
Davies, George, Compositor, Llanelly
Davies, Henry, Dowlais
Davies, John (Ossian Gwent), Rhymney
Davies, John E. (Cynonydd), Merthyr, 6 copi
Davies, John (Ab Myfyr Morganwg), Pontypridd
Davies, John (Ioan Glan Rhondda), Cymmer, 6 copi
Davies, John, Gardener, Glansevin, Near Llangadock, Carm.
Davies, Thomas (Dewi Wyn o Essyllt), Dinas Powis, Cardiff
Davies, Thomas (Mab y Daran), Sarngining Fawr, Llanybydder, Carmarthen
Davies, W. C., *Cronicl Cymru Office*, Bangor
Davies, W. Irfon, Rhymney
Davies, W. J. (Llew Dyfed), Merthyr, 2 gopi
Davies, William, Abercynffig, via Bridgend
Davies, William, Bookseller, Aberdare
Davies, W. M. (Gwilym Morlais), Dowlais

Denis, Thomas, Dowlais
Deyer, W. H. (Mabonwyson), Quakers Yard, 2 gopi

E

Edwards, Rev. D. (Dewi Isan), Llysfaen, 6 copi
Edwards, Edward (Trodynfab), Cymmer, Pontypridd
Edwards, J., Rhymney
Edwards, Morgan (Craig Eryr), Clwydyfagwyr, Merthyr
Edwards, Roger, Draper, Merthyr
Edwards, Thomas (Cynonfardd), Carmarthen College, 12 copi
Edwards, Thomas (Iorwerth Goch), Mountain Ash, 4 copi
Edwards, W. (Wil o'r Mynydd), Trecynon, 12 copi
Edwards, William, Glantawe, Ystradgunlais
Elias, Richard (Meillionog), Llangyfelach Street, Morriston
Evans, Benjamin (Tirionfab), Cymmer, Pontypridd
Evans, David (Dewi Llwyn Derw), Knighton
Evans, Edward (Heman Gwent), P.O., Rhymney
Evans, Edward (Llwyd y Graig), Lluest Newydd, Llangwyryfon, Aberystwyth
Evans, Howell (Hywel Morganwg), Merthyr
Evans, J. (Ioan ab Dewi), Rhymney
Evans, John (Ieuan Wyn), Pontypridd
Evans, John (Gwawrfryn), Cwmaman, Aberdare
Evans, J. R. (Ioan Egwest), Swyddfa'r *Fellten*, Merthyr
Evans, Robert, Monachty, 10 copi
Evans, Robert, Dinas, Pontypridd
Evans, Thomas, Grocer, Mary Ann Street, Dowlais, 6 copi
Evans, Thomas, Abercynffig, via Bridgend
Evans, T. P., (Mabon), Ystradmynach, Caerphilly
Evans, William (Gwilym Cyrwen), Treaman, Aberdar
Evans, William, Builder, Merthyr
Evans, W., Miner, Merthyr, 2 gopi

F

Frost, W. F. (Abeilw), Harpist, Cardiff, 10 copi

G

Gravell, Dan, Abercynffig, via Bridgend
Griffiths, David, Dowlais
Griffiths, D., Printer, &c., Cwmavon
Griffiths, John (Hilyn), Sirhowy
Griffiths, Rev. T. Cunllo, Pontlottyn, Rhymney
Griffiths, Thomas, Cwmbargoed, Dowlais
Griffiths, Thomas, Cymmer, Pontypridd

H

Henry, Joseph, Llygad yr Haul, Pontyberem, Llanelly

Henry, John (Ioan Bigfyr), Pontyberem, Llanelly
Henry, John, Pontyberem, Llanelly
Herbert, William, Cymmer, Pontypridd
Howells, Edward (Iorwerth Alaw), Tongwynlas, 6 copi
Howell, E. D., Mine Agent, &c., Plymouth, Merthyr
Hughes, Thomas, Dinas, Pontypridd, 6 copi
Hughes, Hezekiah, Chain Works, Pontypridd
Hughes, Isaac (Creigydd), Craig y Berth Lwyd, Pontypridd
Hughes, W. (Gwilym Clydach), Gwernogle, via Carmarthen
Hughes, W. M. (Mynyddyn), Landore, Swansea

I
Isaac, David, Treherbert, Pontypridd

J
Jacob, G. J., Swyddfa'r Fellten, Merthyr
James, David (Dewi Iago), Trecynon, 6 copi
James, Simon (Gwaliwr Gwyllt), Mountain Ash, 6 copi
James, Rev. T. E. (T. ab Ieuan), Glynneath, 6 copi
James, Mr. W. G. (Gwilym Ddu o Went), Tongwynlas, 6 copi
Jeffreys, T. Twynog, Aberdar
Jenkins, A. T. (Idris Gwent), Trelyn, Pontllanfraith, 2 gopi
Jenkins, Henry (Gething), Pontypridd
Jenkins, J. E. (Creidiol), Ystrad Dyfodwg, 6 copi
Jenkins, R., Graig Ddu, Dinas, Pontypridd
Job, Samuel, Abercanaid, Merthyr
John, James (Gorwyst Ddu o Ddyfed), Aberdar
John, —— (Ffagan), St. Ffagan
John, W. (Mathonwy), Pontypridd
Jones, Rev. D. H. (Dewi Arfon), Clynog Fawr
Jones, David, Cymmer, Pontypridd
Jones, D. (Dafydd o Went), Rhymney
Jones, D. (Dewi Mai), Rhymney
Jones, D. G., Llandaff Academy
Jones, D. W. (Llwchaiarn), Merthyr
Jones, Daniel, Cwmbach, Aberdar
Jones, Daniel (Alaw Buallt), Llwyncus, Builth
Jones, Daniel (D. ab Iolo), Merthyr
Jones, Edward (Bangorwyson), Bangor
Jones, Enoch (Gwalch Cynon), Merthyr
Jones, Evan Ed. (Ieuan Ebrill), New Tredegar
Jones, Evan, Dowlais
Jones, Henry, Merthyr
Jones, Henry, Chain Works, Pontypridd
Jones, Howell, Nantygwenith, Merthyr
Jones, Isaac, Bookseller, &c., Treherbert, 6 copi

Jones, Rev. James, Abercwmboy, 2 gopi
Jones, J. A. (Cynfyn), Trelyn, Pontllanfraith
Jones, J. R. (Athan Fardd), Newport, 24 copi
Jones, John (Talhaiarn), Hafod y Gan, Llanfair, Abergele
Jones, John, Mason, Plymouth St., Merthyr
Jones, John, Engineer, Plymouth St., Merthyr
Jones, John, Grawen Terrace, Merthyr
Jones, John, Russell St., Dowlais
Jones, John, Berry Square, Dowlais
Jones, J. W. (Senor), Pontypridd, 12 copi
Jones, Dr. Emlyn, M.A., Ll.D., Merthyr
Jones, N. M. (Cymro Gwyllt), Liverpool, 6 copies
Jones, Mrs. Rachel, Cwm Clydach, Llanwyno
Jones, Rhys Etna, Draper, Gadlys St., Aberdar
Jones, R. Llystyn, Tre'r Garth, Near Bangor
Jones, R., Publisher, Bethesda, Bangor, 12 copi
Jones, Thomas Austin, High St., Bangor
Jones, Thomas Ceredig, 6, High St., Rhymney
Jones, Thomas, Printer, &c., Aberavon, Taibach, 6 copi
Jones, Thomas, Ty'r Merched, Ysgubor Wen, Aberdar, 2 gopi
Jones, Thomas (Gwenffrwd Gwent), Blaengwawr, Aberdar
Jones, T., Schoolmaster, Abercarn, Newport
Jones, T. M. (Eryr Gwyllt), Grocer, Briton Ferry
Jones, Thomas, Mason, Merthyr
Jones, W. F., Llandaff Academy
Jones, W. (Gwilym ab Ioan, Dowlais), 6 copi
Jones, W. (Gwilym Ddu o Ddyfed), Normal College, Bangor
Jones, W. (Gwilym Carno), Rhymney
Jones, W. Todd (Gwilym Tudur), Merthyr

L

Lawrence, W. (Gwilym Nedd), 2, Sunny Bank St., Aberdare
Lewis, E., Chain Works, Pontypridd
Lewis, J. P. (Melltenydd), Merthyr
Lewis, M. R., Rhydyfro, Pontardawe, 4 copi
Llewelyn, John, Cymmer, Pontypridd
Llewelyn, Rees (Maelog), Dowlais
Llewelyn, Thos. D. (Llewelyn Alaw), Harp Inn, Mountain Ash
Lloyd, Walter, Gwladgarwr, Aberdare, 25 copi
Lloyd, W. (Gwilym Glan Ogwy), Abercynffig

M

Mason, Miss Mary (Creirwy), Aberdare, 8 copi
Michael, D. (Dewi Afan), Cwmavon, Taibach, 4 copi
Miles, Miss J., Newport, Mon.
Morgan, Daniel (Daniel ab Gwilym), Llanfabon

Morgan, Edward, Collier, Craig yr Allt, Nantgarw, Pontypridd
Morgan, Edward, Dowlais
Morgan, Morgan, Grocer, Ystrad Rhondda, 3 copi
Morgan, Morgan W. (Morganydd), Cymmer, Pontypridd
Morgan, Rev. R. (Rhydderch ab Morgan), Bryn Awen, Aberavon, 2 gopi
Morgan, W., Sculptor, &c., Pant, Dowlais
Morgan, W., Trevecca College, Talgarth, via Hereford
Morris, Anthony, Thomas St., Merthyr
Morris D. (Morris Gethin), Aberdar.

N

Nicholas, Thomas, Dowlais

O

Owen, Benjamin, Mountain Ash
Owen, Evan, Cyfarthfa, Merthyr, 12 copi
Owen, James, Cwmbach, Aberdare
Owen, Jeremiah, Merthyr, 12 copi
Owen, William, Engineer, Loughor, Llanelly

P

Parry, Joseph (Pencerdd America), Royal Academy of Music, London
Parry, Robert (Robyn Ddu Eryri), Prospect Villa, Abergavenny
Perkins, J. (Dyfnwal Dyfed), Rhymney
Phillips, Richard (Gelynos), Sirhowy
Phillips, Rees, (Glan Clydach), Mountain Ash, 10 copi
Powell, John, Grocer, Gellifaelog, Dowlais
Price, John (Ioan ab Rhys), Merthyr
Price, Rees R., Cymmer, Pontypridd
Price, Rev. Samuel, Llandaff

R

Rees, D. (Gwernydd), Landore, Swansea
Rees, J. (Iago ab Rhys), Rhymney
Rees, John, Coal Weigher, Merthyr
Rees, John, 19, Allen St., Mountain Ash, 8 copi
Rees, Thomas, 19, Alma St., Merthyr
Rees, Wm. (Deincodyn), Bryncelyn, Dinas, Pontypridd, 6 copi
Rees, W. T. (Alaw Ddu), Abercarn, Newport, 6 copi
Reynolds, Jonathan, (Nathan Dyfed), Merthyr, 3 copi
Rhys, W. (Casnodyn), Water St., Taibach
Richards, Daniel (Calfin), Llanelly, 6 copi
Richards, D. C., St. David's College, Lampeter
Richards, Evan (Meudwy Glan Elai), Cymmer, Pontypridd
Richards, Morgan (Dinasydd), Dinas, Pontypridd

Roberts, Evan, Furnace Manager, Plymouth, Merthyr
Roberts, Rev. G., Cefn, Merthyr
Roderick, Daniel, Dowlais
Roderick, E., Dowlais
Rogers, John, Merthyr

S

Samuel, Morgan, Draper, High St., Merthyr
Skym, David (Dewi Araul), Treorky, Pontypridd, 2 gopi

T

Thomas, Miss A., Gellillwch, Pontypridd
Thomas, A. H. (Crumlynfab), Llansamlet, Neath, 24 copi
Thomas, Dd., Bookseller, 2, St. Ann's Terrace, Stockton, 12 copi
Thomas, David, Merthyr
Thomas, Griffith, (Gwrgan), Trecynon
Thomas, John, Bookseller, Treorky, Pontypridd, 12 copi
Thomas, Lewis (Ffrwd Alaw), Llanwyno, 10 copi
Thomas, Lewis (Gwynfryn), Sirhowy
Thomas, Morgan (Gwyno), Llanwyno, 10 copi
Thomas, N. Marlais, Lampeter
Thomas, Thomas, Cyssodydd, Swyddfa'r *Fellten*, Merthyr
Thomas, W. (Gwilym Maesaleg), Newport
Thomas, W. T. (Glanffrwd), 10 copies
Timothy, Evan, Merthyr

W

Walters, David, Pontyberem, Llanelly
Watkins, John (Ioan Gwent), Rhymney
Walters, W., Chain Works, Pontypridd
Wilkins, Charles, P.O., Merthyr
Williams, Caleb, Neuadd, Blaenffos, Cardigan
Williams, D. Talog, 6, High Street, Rhymney
Williams, D. T. (Tydfylyn), Merthyr
Williams, Ebenezer, (Gwernyfed), Merthyr, 3 copi
Williams, Ithel, Gellillwch, Pontypridd
Williams, Jestyn, Gellillwch, Pontypridd
Williams, J. Ll., Gellillwch, Pontypridd
Williams, Llewelyn J., Gellillwch, Pontypridd
Williams, J. (Glanmor), Curate, Amlwch
Williams, Joseph, Stationer, &c., Merthyr, 25 copi
Williams, John, (Ioan Cain), Cilcain, Mold, Flintshire
Williams, T. M., Garth Practising School, Bangor, 2 gopi
Williams, Thomas, Lantwit Faerdref
Williams, W. Alex. (Gwilym Morganwg), Pontardawe
Williams, William (Myfyr Wyn), Duke's Town, Tredegar, 7 copi

Williams, William (Ehedydd Wyn), Sirhowy
Williams, Rev. W. E. (Gwilym Colwyn), Colwyn, Talybont, Conwy, 4 copi
Woodliffe, Joshua (Myfyr Cynffig), Cymmer, Pontypridd

Y

Yorath, T. (Tawenog), Gyfeillion, Pontypridd
Young, Ed. (Eoswyn), Alltwen, Swansea Valley

AMERICA.

Benjamin, Isaac (Bardd Coch), Hyde Park, Luzerne Co., Pa.
Davies, Rev. W., Pittsburgh, Pa.
Davies, John, Pittsburgh, Pa.
Davies, Joseph, Pittsburgh, Pa.
Edwards, D., Pittsburgh, Pa.
Edwards, P., Pittsburgh, Pa.
Edwards, John (Ioan Gwynlas)
Evans, Rev. Frederick (Ednyfed), Hyde Park
Evans, Morgan (Meurig Aman), Hyde Park
Evans, James, Pittsburgh
Evans, Thomas (Cilcenin), Hyde Park
Evans, W. F., Pittsburgh
Harris, Joseph, Pittsburgh
Hughes, W., Pittsburgh
Jenkins, D. Dyffrynog, Wilkes Barre
Jones, Proffessor J. Abel, Pittsburgh
Jones, J. W., Pittsburgh
Jones, John Watkin, Hyde Park
Jones, Joseph, Pittsburgh
Morgans, Samuel, Pittsburgh
Morgans, W. L., Pittsburgh
Prichard, T. S., Pittsburgh
Price, T. Gwallter (Cuhelyn), Pittsburgh
Roberts, D. S., Hyde Park
Thomas, Owen, Pittsburgh
Walters, John (Ab Gwallter), Pittsburgh, 12 copi

Lightning Source UK Ltd.
Milton Keynes UK
UKOW022133201112

202509UK00010B/123/P